Mehr Geld und mehr Erfolg mit FasterECT

Wie Du Geld anlockst mit FasterECT

Von Christoph Simon

Sollten die Anregungen in diesem Buch zu weiteren Fragen zwecks der Vorgehensweise oder zu Fragen das Tapping für Geldthemen betreffend (und das werden sie sicherlich), kannst Du dich an mich gerne unter info@berlincoaching.com wenden.

In jedem Fall schlage ich Dir vor, dass Du dich auf http://life-coach-blog.de oder unter http://berlincoaching.com in meinen Newsletter einträgst, um immer wieder topaktuelle Informationen zu psychologischen Themen und Methoden rund ums Geld und Geldcoaching zu erhalten.

Hier geht es direkt zu meinem wöchentlich erscheinenden Newsletter:

Klick! https://lifecoach-blog.leadpages.net/geldmuskel/

Wenn Du magst, wirf auch mal einen Blick auf mein Affirmationsbuch und Afformationsbuch und lerne deine finanzielle Glaubenssätze mit der Kraft von Geld Affirmationen und Geld Afformationen zu verändern. Mehr dazu, findest Du unter

http://afformationen.info und

http://www.life-coach-blog.de/positive-geld-affirmationen-ebook-mit-audio/

Wenn Du deine Glaubenssätze hinsichtlich deiner ganz persönlichen finanziellen Entwicklungen angehen willst, lege ich Dir meinen Bestseller Nr. 1 im Bereich Persönlichkeitspsychologie ans Herz: „Verändere deine Glaubenssätze mit der Kraft deiner intelligenten Zellen". Dieses Buch beschreibt eine höchst wirksame Technik zur schnellen Veränderung jeglicher Glaubenssätze und Standpunkte angelehnt an die famosen Methoden im Psych-K®

Dort gibt es viele weiterführende und detaillierte Informationen zu den einzelnen Punkten des Buches und zu anderen verwandten Methoden und überhaupt viele Aspekte zu Coaching und Selbstcoaching und weit darüber hinaus. „Verändere deine Glaubenssätze mit der Kraft deiner intelligenten Zellen".

Deine Reise als dein eigener Therapeut und Coach ist nie zu Ende

Hier beginnt ein neuer Reiseabschnitt mit 7-Meilen-Stiefeln

Lass mich für eine kurze Zeit dein Reisebegleiter sein!

Inhaltsverzeichnis:

Vorwort

FasterECT

Klopfakupressur

Wie FasterEFT bei finanziellen Zielen und Problemen helfen kann

Die Landkarte von FasterECT

Warum haben wir finanzielle Probleme?

Gefühle

Die Kunst sich selbst zu verändern

Die Kunst der zielführenden Fragen im FasterECT

Was willst du wirklich im Gelduniversum?

Wer bin ich, wenn ich das (finanzielle) Problem nicht mehr habe?

Das Future Pacing

Warum (be-)klopfen wir finanzielle und andere Themen

Energiemuster

Wie funktioniert (Klopf-) Akupressur?

Starten wir mit dem Ablauf von FasterECT, um finanzielle Themen zu heilen.

Das Stressniveau messen

Die FasterECT Klopf Punkte

Die Grundtechnik im FasterECT für alle (finanziellen) Probleme immer

Das schnelle Klopfprotokoll

Das mentale Klopfen

Die Ausdruckstechnik im FasterECT

Vorwort

„Obwohl ich große Existenzängste habe, lieb und akzeptiere ich mich, so wie ich bin."

Stressfaktoren, die wir nicht unter Kontrolle haben, gehören heute zu unserem Leben dazu. Wahrscheinlich mehr als in vergangenen Jahrzehnten. Viele Tausend Menschen antworten darauf mit der Einnahme von Drogen, Alkohol und verschiedenen anderen abhängigkeitsmachenden Verhaltensweisen, in dem nutzlosen Versuch damit die tägliche Herausforderung des Lebens zu meistern.

Das Thema Stress betrifft in besonderer Form das Thema Geld, weil es an unseren tiefsten Ängsten der Existenz und Lebensberechtigung und des Selbstwertes rüttelt.

Es ist schon viele Jahre her, als ich 1989 meinen Weg in die Persönlichkeitsentwicklung fand. Mit einer eigenen Suchtgeschichte und der Einnahme von illegalen Suchtmitteln bis hin zum Zusammenbruch befasst, fand ich 1982 den Weg nach Berlin und in die therapeutische Selbsthilfegemeinschaft **von Synanon**, einer Gruppe von Menschen, die sich zum Ziel gesetzt hatten, anderen Menschen die den Weg aus der Sucht nicht mehr alleine heraus fanden, einen neuen Weg zu zeigen.

Damit änderte sich mein Leben damals fundamental. Ich blieb über 5 Jahre in dieser Gemeinschaft und lernte dabei, was es bedeutet ein freies Leben ohne Suchtmittel zu führen und ein vollwertiges Mitglied der Gesellschaft zu sein. Nach meinem Auszug im Jahr 1987 stellte sich natürlich die Frage, was ich von nun an tun wollte. Ich begann mich für den Weg der Sozialarbeit/Sozialpädagogik zu interessieren und studierte in Berlin diesen Studiengang. Heute heißt dieser extrem beliebte Studiengang Soziale Arbeit. Während des Studiums fand ich dann zum allerersten Mal den Weg zu einer neuen Methode der Persönlichkeitsentwicklung, wie ich sie vorher nicht kannte. Ich hatte keinerlei Ahnung von solchen Sachen und hätte auch nie gedacht, dass mich dieser Weg einmal interessieren würde. Ich war sozusagen ein Spätstarter was die methodische Entwicklung der eigenen Persönlichkeit betrifft.

Heute 24 Jahre später habe ich unzählige Seminare und Zusatzausbildungen gemacht und mein Wissen die eigene Persönlichkeit besser zu verstehen und auch vor allen Dingen zu beeinflussen stetig verfeinert. Dabei hat mich in der ganzen Zeit als doppelter Schütze das Thema Expansion/Erfolg/ Geld immer wieder fasziniert, auch wenn in meinem Lebensplan so wie ich heute weiß, ich den Erfolg eher im sozialen Bereich finden soll. Aber es ist nun mal so ein. Ein doppelter Schütze und im chinesischen Horoskop ein Hahn mit dem Jupiter im 10. Haus hat in irgendeiner Weise immer mit dem Thema Erfolg zu tun. Und den Schützen sagt man ja bekanntlich auch nach, dass sie gerne mit **Geld spekulieren und auch mit Geldanlage** in gewisser Weise häufiger zu tun haben.

Ich war schon immer was den Umgang mit Geld betrifft risikofreudig und bezeichnete mich schon früh als Spekulant. Dieser Obsession ging ich an der Aktienbörse nach, indem ich schon früh mit **Aktien und Optionsscheinen auf Aktien** handelte.

Ich wusste damals noch nicht, dass ich in den verschiedenen Möglichkeiten der Persönlichkeitsentwicklung in erster Linie Antworten auf meine eigenen Probleme suchte. Das erste was mir damals während des Studiums begegnete war eine Methode der Sozialarbeit namens **Human Social Functioning (HSF),** welche von einem kanadischen Professor, der ein jüdisches Vernichtungslager überlebt hatte, entwickelt wurde. Die sogenannte Heimler Methode faszinierte mich und stellte meinen Einstieg in dieses Feld dar. Was mich aber noch viel mehr faszinierte war dann 1992 der Weg, den ich mit NLP beschritt. Es war so interessant, weil es mir half zu verstehen, wie ich ticke und wie ich andere Menschen viel besser verstehen konnte in ihren Handlungen. Der **Weg ins NLP** hinein dauerte ab diesem ersten Seminar bis hin zum Abschluss als Lehrtrainer über 5 Jahre, in denen ich aus meiner Sicht bei den besten Trainern im deutschsprachigen Raum und bei **Robert Dilts** persönlich lernen durfte. Der letztgenannte war auch lange Jahre mein Vorbild. Auf der Suche nach weiteren Informationen kam ich über viele Stationen Anfang 2001 zur Energetischen Psychologie (EP).

Mein beständiger Durst nach Wissen (vom Sternzeichen her bin ich ein sog. doppelter Schütze) und Verstehen war meine Antriebskraft. Es gelang mir immer mehr Antworten zu finden, was mich persönlich antrieb und was zumindest ein wenig ein Teil meiner Aufgabe in diesem Leben ist.

Meine eigene Lehrfähigkeit zu nutzen und mir und anderen Menschen zu helfen ihre Fähigkeiten zu entwickeln, um ihr eigenes Leben zu ändern und die Möglichkeit an Erfahrungen zu maximieren, um ihr volles Potential zu leben.

So kam ich schließlich auch zum FasterECT. So wie ich es heute sehe funktioniert FasterECT für alle Menschen egal welcher Religion oder Rasse Sie angehören. Es erlaubt jedem Menschen die Freiheit zu erlangen, welche er haben möchte und sich von Handlungsweisen zu befreien, die einschränken. Dies trifft in ganz besonderem Maße auch für Geld zu.

In der Beschäftigung mit FasterECT wurde mir nach und nach klar, welch subtile Veränderungen in meinem Leben passierten. Meine unkontrollierbaren Trigger wurden mir nochmals viel klarer und natürlich auch die darauf folgenden Reaktionen. Ich hatte ja schon immer an meinen Problemen und „Themen" gearbeitet.

FasterECT zeigte mir jedoch auf eine wirklich nachhaltige Weise, wie ich meine verdrehten Wahrnehmungen, meine Glaubenssätze und vor allen Dingen meine Gefühle, die eine große Rolle spielen, veränderte und ganzheitlich **bessere Glaubenssätze** installierte.

Ich arbeitete an mir nochmals auf eine ganz neue Weise vor allen Dingen in Bezug auf meine Geldthemen. Geld hat ja sehr viel mit Energie zu tun und dann in weiterem Verlauf mit dem Thema Liebe und Selbstliebe. Wenn wir uns selbst mehr lieben, haben wir letztlich weniger Frust und Wut und leiden weniger.

Jede Krankheit ist aus der Perspektive der traditionellen chinesischen Medizin eine bestehende Unterenergie. Wir können dann unsere vollständige Lebensenergie nicht wirklich nutzen und sind jeder schwierigen Lage schutzlos ausgeliefert. Dieser Vorgang trifft natürlich auch ganz besonders auf das Thema Geld zu. Fehlendes Geld und auch ein Übermaß an Geld setzt Energien in uns frei (in dem Fall Gefühle), die den meisten Menschen Stress machen. **Stress ist letztlich pure Unterenergie** und unser Körper kann dann seine Selbstheilungskräfte nicht abrufen.

1. Emotionen können nicht mehr richtig verarbeitet werden. Der Körper schaltet auf einen Überlebensmodus, welcher besonders durch Unterenergie geprägt ist.
2. Die kleinen Stressoren des Lebens (sprich Geldsorgen usw.) werden zu großen Inbalancen.
3. Unsere Selbstheilungskräfte sind dann nur mehr bedingt aktiv. Es kann sogar zu funktionellen Störungen kommen. Stress macht dauerhaft eben krank.
4. Diese Störungen machen auf die Sicht von Jahren gesehen unsere Erkrankungen aus. Das lange „Fahren" von Unterenergie im Körper ist dafür die Hauptursache.

Ein guter Umgang mit dem Thema Geld und den daraus resultierenden Geldsorgen hat sehr viel mit Selbstverantwortung zu tun.

Wenn wir unsere alten Geschichten über Geld und Finanzen verabschieden und uns mehr selbst lieben, andere Menschen, Veranstaltungen und andere Dinge, dann sind wir viel weniger in innerem Aufruhr. Unterenergie ist dann immer weniger ein Thema in unserem Leben. Wir wissen dann, dass wir die Macht und die Power haben uns von dieser Unterenergie zu befreien.

Die Kontrolle darüber liegt in uns selbst. Wenn wir all den Schmerz, den Stress, die Furcht, die Traurigkeit, die Kraftlosigkeit und alle anderen emotionalen Traumen in Bezug auf Geld und Finanzen gehen lassen, bleibt schließlich Selbstliebe übrig. Wenn wir uns befreien von dem, was uns gebunden hat, erfahren wir mehr Liebe in uns und sind natürlich auch für andere Menschen dann viel liebenswerter. Wir zeigen uns dann aufgeschlossener, vitaler, lebendiger und liebevoller.

Natürlich ist das nicht einfach und braucht auch mit FasterECT eine persönliche Vereinbarung mit sich selbst und der Bereitschaft regelmäßig zu klopfen. Zu verstehen, wie wir unsere Probleme selbst kreieren ist von Vorteil. Dieses Buch, welches auf dem FasterECT basiert, so wie ich es verstehe soll dir ein besseres Verstehen geben, wie du effektive Veränderungen vornehmen kannst in deinem Leben, in Bezug auf Geld und somit das Geld auch anders wahrnimmst.

Es ist natürlich nicht das Ende all deiner Selbsthilfe. Du wirst dabei das herausbekommen, was du bereit bist zu investieren. Vor allen Dingen an „Klopfzeit". Wenn du dich selbst in einem „Stuck-State" bezüglich Geld fühlst, gibt es unzählige Möglichkeiten im großen Bereich der Psychologischen Methoden dich wieder heraus zu holen. FasterECT und der gesamte Bereich der Energetischen Psychologie sind dafür eine sehr, sehr nützliche Sache. Nutze sie, heile damit dein Geldbewusstsein! Die anderen Leute um dich herum in deinem Leben werden es bemerken, was sich mit dir verändert.

FasterECT

Was ist der Unterschied von FasterECT zur klassischen Klopfakupressur?

Ich bemühe mich in diesem Buch so gut wie möglich eine Antwort darauf zu geben. Ich habe Robert G. Smith bisher nicht persönlich kennengelernt, aber ich beschäftige mich nun schon seit 1999 mit **Klopfakupressur** und **Energiepsychologischen Verfahren** und glaube, dass ich sehr gut in der Lage bin zu differenzieren und den wesentlichen Unterschied von FasterECT zur klassischen Klopfakupressur heraus zu kristallisieren.

Wenn Du ab hier häufiger einen Hinweis zum NLP liest, dann ist das vollkommen richtig so, weil Robert G. Smith zu Beginn seiner Laufbahn, genauso wie **Fred Gallo** und **Rob Williams** dem NLP sehr zugetan waren. Meines Wissens auch Gary Craig. Trotzdem bist Du im richtigen Buch. Es geht um FasterECT.

FasterECT ist zunächst einmal wie die klassische Klopfakupressur auch ein sehr simpler, schneller und ganzheitlicher Prozess. Eine machtvolle Technik und wenn man so will auch eine Denkweise, die sehr schnell jede Form von Stress reduziert und ausgleicht und gleichzeitig das Unbewusste beeinflusst und vorhandene Einstellungen transformiert. Entwickelt wurde es von Robert G. Smith, der zu Beginn sehr vom NLP inspiriert wurde und dann später zur **Energetischen Psychologie** kam. Insofern spielen Ansätze des **NLP** auch im FasterECT eine große Rolle. Vielleicht sogar noch mehr, als in der klassischen Klopftherapie.

Die Kombination von NLP mit den traditionellen Techniken der Klopfakupressur sind die sehr wirksame Grundlage des FasterECT. Wie bei allen Verfahren aus dem Formenkreis des NLP und der Energetischen Psychologie helfen die Prozesse bei der Kommunikation mit dem Unbewussten, um alte überkommene Glaubenssätze und Muster, welche die momentane Lebensentfaltung eher behindern zu lösen und zu verändern. Es ist eine sehr sichere und effektive Weise, um „Widerstand" zu lösen und das Unbewusste direkt zu beeinflussen.

Das **Faster Emotionally Concentrated Tapping** System geht davon aus, dass Erinnerungen, die Einschränkungen hervorrufen eine „Stresstrance" induzieren.

Durch das Beklopfen diverser Akupunkturpunkte wird der wahrgenommene körperliche Stress reduziert (unterbrochen) und die Signale welche das Gehirn an den Körper sendet ermöglichen ein positives Feedback für den Geist. Dadurch werden wir ruhiger und gehen in einen entspannten Zustand. Der Zustand (State) ist im Übrigen **im NLP** der Schlüssel für jedwede Veränderungsarbeit.

Positive **neue Glaubenssätze** können daher implementiert werden und damit einhergehend zusätzlich neue positive Zielzustände. Die dadurch erzielte Wirkung ist eine Auflösung unserer bisherigen negativen Selbstwahrnehmung. Unser (finanzielles)Bild von uns Selbst ändert sich.

FasterECT ist ein wirklich sehr einfaches und machtvolles Werkzeug, welches leicht angewendet werden kann, um sich selbst zu verändern und Stress jederzeit in Wohlbefinden zu transformieren. Ein ideales Selbstcoaching Werkzeug für die Postmoderne.

NLP ist im Sinne von Richard Bandler dem Entwickler desselben eine Einstellung und eine Methodologie zugleich, welche im Laufe der Zeit eine sehr große Fülle an differenzierten Techniken hervorgebracht hat.

Dieser großen Zahl an Techniken liegt aus NLP-Sicht immer die Haltung zugrunde, dass Absicht und Verhalten immer zu trennen sind. Absicht und Verhalten sind zwei verschiedene Dinge und jedes Verhalten hat in letzter Konsequenz immer eine positive Absicht. Wahrscheinlich ist das einer der am stärksten wirksamen NLP-Glaubenssätze aus der **Landkarte des NLP.**

Man könnte sagen, dass in jedem von uns ein kleines Selbst und ein großes Selbst existiert. Die Verhaltensweisen unseres kleinen Selbst mögen wir höchstwahrscheinlich nicht und doch zeigen sich diese in bestimmten Situationen immer wieder. Natürlich auch im finanziellen Sektor. Im NLP versucht man sehr oft diese Verhaltensweisen in bessere, ressourcevollere Zustände zu überführen, welche dem Großen Selbst näher sind.

Zudem liegt dem NLP die Idee zugrunde, dass Lernen immer in Zyklen abläuft. Eine unbewusste Kompetenz ist schon vorhanden. Um diese zu nutzen geht es darum eine gute Lernhaltung einzunehmen und möglichst viele Informationen aufzunehmen.

Das FasterECT unterstützt dabei sehr. Wir unterstützen uns um Gefühle zu reaktivieren und gute Zustände im Leben wieder zu erleben. Dabei lassen wir uns weniger davon leiten, was daran hindert diese guten Zustände zu erleben, sondern die Haltung, was schon einmal erlebt wurde ist als Ressource schon vorhanden und braucht lediglich eine Reaktivierung durch die entsprechende Führung des **Coaches.**

http://www.realitycreation.org/exclusive-member-downloads

Klopfakupressur

Die Klopfakupressur ist eine Form der psychologischen Akupunktur. Psychologisch deshalb, weil hierbei keine Nadeln benutzt werden. Dieses Ziel wird dadurch erreicht, indem bestimmte körperliche Punkte (Akupunkturpunkte) sanft mit zwei bis drei Fingern beklopft werden. Ich klopfe heute sogar oft nur noch mit einem Finger. Dieses Klopfen balanciert die Energie in den Meridianen des körpereigenen Energiesystems. Das führt dazu, dass die gefühlsmäßigen Teufelskreise durchbrochen werden, balanciert werden und als Folge ein entspannteres Fühlen möglich ist, welches dann einhergeht mit einer Veränderung im Denken.

Die Klopfakupressur und alle verwandten energiepsychologischen Methoden und Techniken entwickelten sich aus der <u>**Thought Field Therapy (TFT)**</u> von Dr. Roger Callahan. Callahan entdeckte als Erster, dass die Stimulierung von Akupunkturpunkten zu einer Entlastung bei Angstpatienten führt und er fand durch Experimente heraus, dass eine ganz bestimmte Abfolge (Algorithmus) einer Reihe von Punkten eine extrem nützliche Wirkung auf den Körper hatte. Diese Algorithmen zu allen möglichen menschlichen Themen und Problemfeldern verkaufte er dann für gutes Geld.

Cary Craig ein amerikanischer Ingenieur lernte bei Dr. Callahan und versuchte den Prozess der Thought Field Therapy zu vereinfachen, um diesen auch für die Hilfe zur Selbsthilfe anwendbar zu machen. Er nannte sein Verfahren <u>**Emotional Freedom Techniques**</u> und er erreichte damit hervorragende Ergebnisse bei einer Vielzahl an emotionalen und körperlichen Problemen.

Robert G. Smith kam vom NLP und studierte schließlich die Klopfakupressur. Er kombinierte Schlüsselelemente des NLP mit Klopfakupressur und umging damit das klassische Klopfakupressur-Konzept der „Psychologischen Umkehrung". Das <u>**NLP**</u> als Veränderungstechnologie ist als solche ja auch viel mehr darauf ausgerichtet nicht zu fragen, was den Menschen daran hindert, wenn jemand ein bestimmtes Ziel nicht erreicht, sondern ihm zu helfen durch Reaktivierung seiner ressourcevollen Erlebnisse auch endlich dahin zu kommen.

Wenn im NLP Konzept mit Hindernissen oder Einwänden gearbeitet wurde, dann eher im Sinne der <u>**Hypnosetherapie nach Erickson**</u>. Innere Anteile wurden wertschätzend angesprochen und um Unterstützung für das jeweilige Ziel „gebeten".

Diese Kombination machte sich Robert G. Smith zunutze. Im FasterECT gehen wir immer davon aus, dass unser Körper-Geist-Seele System perfekt arbeitet. Da ist nichts in uns, was falsch oder verkehrt ist. Auch im negativen Sinne nicht. Denn in jedem Problem steckt ja auch in gewisser Weise ein Schatz, den es für die eigene Biografie zu heben gilt. Wir brauchen somit nur unsere innere „Hardware" zu optimieren und zu klären.

Anstelle einer Blockade im Meridiansystem des Körpers, so wie es in der Klopfakupressur normalerweise gelehrt wird, glaubt der Anwender von „FasterECT", dass alles körperliche Reaktionen sind, ausgehend von dem was unser Geist bewusst und unbewusst wahrnimmt. Dabei zielen wir auf die Erinnerung, das Gefühl oder den Trigger. Das erlaubt uns auf die Schlüsselmeridianpunkte zu klopfen und uns von der emotionalen Ladung zu befreien. Dadurch transformieren wir gleichzeitig die internalen Repräsentationen (VAKOG) an denen der Geist zu den wahrgenommen Problemen und Themen festhält. Das geschieht sowohl, visuell, auditiv, kinästhetisch, olfaktorisch und gustatorisch.

Dadurch entsteht eine sogenannte Musterunterbrechung, welche im Übrigen auch von **Dr. Michael Bohne mit seinem PEP** als Hauptursache angesehen wird für die enorme Wirksamkeit der diversen Klopfverfahren.

Wie FasterECT bei finanziellen Zielen und Problemen helfen kann

Jeder, der sich mit dem Thema Geld im Selbstcoaching beschäftigt, hat bestimmt im Laufe der Jahre seiner Selbstfindung mit verschiedenen Methoden an seinen finanziellen Zielen und Hoffnungen gearbeitet. Vieles wird nach einem guten Start oftmals nicht weiter fortgesetzt. Das kann daran liegen, dass es schließlich doch nicht die richtigen Werkzeuge waren, um die Wünsche im Leben frei von emotionalen Traumen, physischem Schmerz, Zwängen und Süchten zu erreichen.

FasterECT ist ein hochwirksames therapeutisches Werkzeug für alle emotionalen und körperlichen Probleme, weil es sehr schnell Stress, Angst und Zweifel eliminiert und darüber hinaus erreicht, dass wir unser Bewusstsein maximal fokussieren. Geld hat sehr viel mit der Vorab-Einnahme einer kraftvollen finanziellen Identität zu tun. Wer bin ich, wenn ich meine finanziellen Ziele erreicht habe?

Welches der vielen möglichen Selbst(e) lebe ich dann? Wie kann ich in dieses authentische Selbst von mir hinein finden? Beim Geld ist es wichtig zu wissen woher ich komme und wohin ich gehe. Wenn ich mein erwünschtes finanzielles Selbst lebe braucht es nach meiner langjährigen Erfahrung als Geld-Bewusstseins-Trainer dieses Wissen.

In gewisser Weise ist dies Mondknotenthematik aus der Astrologie übersetzt auf das Thema Geld und Finanzen.

FasterECT als wirkungsvolles Tool hilft dabei ungemein, weil es sehr schnell emotional beruhigt und besänftigend wirkt. Emotional, mental und körperlich.

Geld macht meistens Stress

Eine der Hauptursachen für (chronische) Erkrankungen ist dauerhafter Stress. Stress führt zu Unterenergie und Unterenergie macht aus traditioneller chinesisch medizinischer Sicht krank. Wir alle leiden mehr oder weniger unter finanziellem Stress. Auch Milliardäre. Die leiden eben nur anders. Hinzu kommt dann noch der Stress, der aus anderen Lebensthemen herrührt. Stress macht sich bemerkbar durch Schmerzen, Kopfweh, verspannte Muskulatur und Bluthochdruck oder niedrigen Blutdruck und körperlicher Übersäuerung.

Irgendwann ist das Unbewusste nicht mehr gut in der Lage die stresshaften Erfahrungen im Schlaf sauber einzusortieren. Die (finanzielle) Last wird zu groß und führt zu einer ernsthaften Erkrankung.

Mit FasterECT ist es sehr wohl möglich den aufkommenden Stress deutlich zu reduzieren oder sogar vollständig aufzulösen.

Das Finanzielle (materielle) Selbstbild

Viele Menschen leiden unter einem niedrigen Selbstwertgefühl und einem ungünstigen Konzept Ihres (finanziellen)Selbst. Das zieht sich oftmals durch das ganze Leben hindurch.

Geldthemen haben in aller Regel sehr viel mit dem Thema Selbstwert und der Konzeptionalisierung des Selbst zu tun. In Gelddingen sind Menschen häufig in einem schlechten Zustand. Im NLP würde man sagen, man befindet sich in einem „finanziellen Stuck State", der natürlich auch ein emotionaler Stuck State ist, der mit den Primärgefühlen Angst, Scham, Schuld, Wut und Hilflosigkeit zumeist einhergeht. Das sind die Big Five der negativ und niedrigschwingenden Primärgefühle, um die es sich in fast jeder Therapie und jedem Coaching handelt.

Am besten zeigt sich das, wie wir mit uns selbst sprechen. Selbstkritik ist weit verbreitet. Der sog. „innere Kritiker" hat deutlich zu viel Gewicht.

Das dauerhafte Gefühl nicht gut genug zu sein, nicht clever genug oder sich einfach nicht wertvoll und akzeptiert genug fühlen, erschafft einen dauerhaften und fortwährenden Stresszustand im Organismus.

Darum geht eine Veränderung bei Geldthemen immer auch mit der Reduktion des Stressniveaus einher.

Natürlich gibt es viele gute Gründe warum wir diesen Zustand und die Verhaltensmuster der Selbstkritik erschaffen haben und uns darüber sorgen, dass wir nicht den Erwartungen genügen. Auch den finanziellen.

Wenn wir FasterECT einsetzen und benutzen ist es nicht mehr so wichtig auf die Frage des Warum und Weshalb zu fokussieren, sondern auf solche Fragen wie: *„ Wie weißt du, dass du die finanziellen Erwartungen nicht erfüllst?"* und *„Wie würde es aussehen, wenn du dich finanziell gut genug fühlst?"*

Durch die beständige Anwendung von FasterECT gelingt es dir Selbstvertrauen aufzubauen und das eigene Selbstbild zu fördern. Du beginnst dich wohl zu fühlen in deiner (finanziellen) Haut und das Erreichen der finanziellen Ziele wird so natürlich, wie das Ein- und Ausatmen.

Emotionales finanzielles Wohlgefühl

Viele Menschen in unserer hochzivilisierten Gesellschaft erlauben sich nicht Gefühle zu zeigen, weil sie die mitphantasierten Nebeneffekte davon ängstigen. Die Angst die eigene Kontrolle zu verlieren oder ähnliches spielt dabei eine große Rolle. Unsere gesellschaftlichen und sozialen Glaubenssätze aus dem Zeitgeist heraus und unsere familiären Überzeugungen lehren uns oft, dass es nicht gut ist unsere Emotionen zu zeigen, was dazu führt, dass wir unter einer emotionalen Verstopfung leiden. Ja, es gibt auch eine finanzielle emotionale Verstopfung. Ich kann es nicht besser beschreiben.

Vor allen Dingen die als negativ bewerteten Primärgefühle, wie:

- Wut
- Angst
- Frustration
- Traurigkeit
- Enttäuschung
- Verlegenheit und
- Scham

werden gemieden, wie der Teufel das Weihwasser fürchtet. Um den hohen Preis, dass diese Emotionen sich im physischen Körper stauen. Das aber hat massive Auswirkungen auf unsere finanzielle Performance und unseren Umgang mit finanziellen Themen (und natürlich nicht nur bei denen. In diesem Buch geht es lediglich in erster Linie um finanzielle Themen)

FasterECT gibt uns ein einfaches, schnelles und hochwirksames Werkzeug in die Hände, diese Emotionen zu fühlen und zum Ausdruck zu bringen, mit dem Ziel dieselben zu entlassen. Es erlaubt uns klarer zu denken und finanzielle Möglichkeiten in Betracht zu ziehen aus einem Zustand der persönlichen Macht heraus. Faster Emotionally Concentrated Tapping führt zu mehr innerer Ruhe und Klarheit und schenkt uns eine positive Einstellung zu Geld, Reichtum und Fülle.

Eine Liste finanzieller Themen, welche mit FasterECT behandelt werden können:

- Ziele nicht erreichen können
- Angst vor Misserfolg
- Angst vor Erfolg
- Neid und Missgunst auf andere, die scheinbar mehr erreichen
- Nicht gut genug sein
- Angst vor Ablehnung bei finanziellem Erfolg (Familie und Freunde)
- Mangeldenken (Armutsbewusstsein) – hat fast jeder
- Stress mit Geld
- Generell Stress
- Angst vor Selbstständigkeit
- Angst zu versagen
- Angst vor öffentlicher Rede und öffentlichem Auftreten
- Trauer und Schmerz um finanziellen Verlust
- Aufschieberitis (Prokrastination)
- Anhaltende Selbstkritik
- Angst vor dem, was andere über einen denken
- Geldthemen wie Phobiethemen behandeln
- Finanzielle Grenzen ausloten und überschreiten
- Geld nicht loslassen können und wollen (chronische finanzielle Verstopfung)
- Schmerz bei großen Summen
- Geld was reinkommt sofort wieder ausgeben (finanzieller Durchfall)
- Erfolgsmagersucht
- Hoffen auf Lottogewinne, Preisausschreiben, Rubbellose, Pferdewetten, Fußballwetten

Die Landkarte von FasterECT

Jede Methode besitzt eine Landkarte, aufgrund dessen Hintergrundes die psychologische Methode funktioniert. Je mehr ein Anwender diese Landkarte für sich selbst akzeptiert, desto effektiver und schneller sind die persönlichen Ergebnisse.

Die Vorannahmen des FasterECT basieren auf dem Glauben, dass jedwede Veränderung durch die Bereinigung und Ausgleichung eines negativ erlebten Gefühls passiert. Die energetische Ladung des negativ erlebten Gefühls wird aufgelöst. Jedes Problem geht mit einem negativen Erleben (Gefühl) einher. Jede Veränderung basiert auf dem Kollabieren von Ankern. Ein Anker ist in dem Fall eine Emotion verbunden mit einem Auslösereiz. Durch das Hinzufügen eines positiv erlebten Gefühls entsteht ein neues Muster.

Dieser Vorgang geschieht normalerweise täglich. In jeder alltäglichen Situation haben wir immer auch ein Gefühl, welches uns meistens jedoch nicht bewusst ist. FasterECT macht Emotionen bewusst und lässt durch das Klopfen auf die Akupunkturpunkte die negativ erlebten Emotionen kollabieren. Das erlaubt uns die Befreiung von negativ erlebten Gefühlen, weil während des Klopfens zwei verschiedene Emotionen „abgefeuert" werden. Insofern ist auch jedes Klopftherapieverfahren in gewisser Weise eine körperorientierte Therapie.

- **Finanzielle Themen beginnen bei unserer Geburt**

Wir werden in einen Zeitgeist hinein geboren, welcher unsere Eltern beeinflusst hat. Unsere Eltern haben ihre persönlichen Glaubenssätze und Werte im Laufe ihres Lebens auf der Basis ihrer Eltern, Lehrer, Arbeitgeber und sonstigen Umwelten erhalten. Diese Themen korrespondieren mit uns schon im Mutterleib.

- **Wir lernen als Kinder über Zugangshinweise von unseren Eltern, Lehrern und Personen aus dem familiären Umfeld**

Wir entwickeln im Laufe unseres Lebens Bewältigungsstrategien (Coping), um mit unserer Umwelt a) zu interagieren und b) sich in ihr zurechtzufinden.

Das primäre Ziel von Menschen ist zu überleben. Wir entwickeln Ressourcen, um diesem Ziel gerecht zu werden. In gleichem Maß entwickeln wir aber auch eine Wahrnehmung über die Welt um uns herum. Indem wir abhängig sind von unseren Eltern oder Adoptiveltern schauen wir sehr darauf, wie die „es machen". Wir lernen daraus sehr schnell Fähigkeiten, wie wir unsere Bedürfnisse erfüllt bekommen, egal wie funktional oder dysfunktional das geschieht. Unser intrinsisches Ziel ist es sicher zu sein und zu überleben.

Eine Selbstidentität entwickeln

Durch unsere Erfahrungen und Wahrnehmungen über die Welt (eigentlich müsste es „Wahrgebungen" heißen) entwickeln wir ein Konzept von unserem Selbst.

Dieses Selbstbild basiert alleine auf unseren Erfahrungen und wie wir diese Erfahrungen wahrnehmen und bewerten.

- Erklären – Beschreiben – Bewerten ist der ständige innere Vorgang von allem was ums uns herum geschieht.

Wir fahren fort damit unsere Eltern zu modellieren. Durch die Bildung von Modellen ermöglichen wir das zu erlernende Verhalten in unser eigenes Verhaltensrepertoire zu übernehmen. Darum sind auch Schritt-für-Schritt Anleitungen so beliebt.

Das was wir in den frühen Jahren unseres Lebens lernen wird für uns normal und selbstverständlich. Dadurch wird alles andere Benehmen verrückt oder zumindest dumm. So entstehen unsere Glaubenssätze über die Welt und über die Dinge in ihr. Wir finden einen Weg um in dieser Welt gut zurechtzukommen und zu überleben.

- **Wir entwickeln Glaubenssätze über das was „Gut" und „Schlecht" ist.**

Jeder Mensch hat ein Bedürfnis sich die Welt zu „erklären". Wir nehmen die „Angebote" in einer Form an, die uns hilft unsere Probleme und unseren (Lebens)Schmerz zu erklären.

Indem wir das mit zunehmendem Alter machen, entwickeln wir ein Konzept (Landkarte) wie die Welt und das was um uns herum geschieht „wirklich" ist. Unsere Welt ist die wahre Welt. Verrückt, verlogen, illusorisch und verschroben sind immer die Welten anderer Leute.

Wir entwickeln dazu Glaubenssätze zu Theorien und Gedankengebäuden über alles Mögliche in der Welt und warum etwas so ist, wie es ist. Glaubenssätze geben uns Sicherheit und einen geschützten Rahmen!

- Unsere Traditionen
- Kulturen
- Gott
- Die Wirtschaft
- Die eigene Vergangenheit
- Karma
- Vergangene Leben
- Die Funktionsweise des Gehirns
- Das Unterbewusstsein
- Die Gene
- Lektionen des Lebens
- Das eigene Ego
- Warum ich auf der Welt bin und geboren wurde
- Und last but not least natürlich auch über Geld, Reichtum und Wohlstand

FasterECT und NLP „kaufen" diese Ansichten nicht, sondern gehen erstmal nur von der Annahme aus, dass Leben bedeutet Erfahrungen zu sammeln.

„Die Landkarte ist nicht das Gebiet". Jeder von uns hat verschiedene Karten, innere Abbildungen, von der Welt, mit deren Hilfe wir uns in ihr orientieren. Orientierung bedeutet Sicherheit, Schutz und Überleben. Jedoch keine dieser „Karten" stellt die Welt vollständig und akkurat dar.

Jedoch sind diese „Karten" in jedem von uns gespeichert als eine Referenzerfahrung. Diese „Karten" basieren auf unseren sensorischen Stimuli, wie innere Bilder, Gefühle, Geräusche/Stimmen, Gerüche und Geschmack.

Aufgrund dieser Trigger reagieren wir auf das, was rund um uns herum geschieht. So bilden wir daraus Verhaltensmuster, welche wir mit FasterECT unterbrechen und wieder neue „bekömmlichere" Muster bilden können, um unserer Probleme zu lösen.

Warum haben wir finanzielle Probleme

„Die bedeutendsten Probleme, die wir haben können nicht auf der gleichen logischen Ebene gelöst werden, auf der sie entstanden sind" (meine persönliche Abwandlung des oft zitierten Satzes von Albert Einstein))

„Probleme sind Botschafter unerfüllter Bedürfnisse" (Dr. Gunther Schmidt)

Glaubenssätze

Wir gestalten unsere Wirklichkeit aufgrund unserer Glaubenssätze. Die meisten unserer Glaubenssätze sind leider unbewusst und Ausdruck unserer lebenslangen „Konditionierung". Sie zeigen sich in gewisser Weise in unserem Verhalten. Wir gestalten Einstellungen zur Welt und über uns selbst und eigentlich zu allem, wozu man eine Meinung haben kann.

Aus diesen Einstellungen heraus entwickeln wir unser Verhalten.

Von Geburt an speichert unser Gehirn jedes Ereignis, jedes Gefühl und jede Reaktion gleichgültig ob positiv oder negativ. Diese Erfahrungen und die Wahrnehmung darüber und natürlich vor allen Dingen unsere Gefühle speichern wir in Ordnern, wie das auch bei einer umfangreichen Textverarbeitungssoftware wie z.B. „Microsoft Word" der Fall ist.

Aufgrund dieser umfangreichen Datenspeicherung ist unser System in der Lage aufgrund von äußeren Stimuli eine innere Repräsentanz zu bilden und daraufhin Signale an unseren leiblichen Körper zu senden in Form von Gefühlen und körperlichen Bewegungen.

Wenn Du jetzt an ein bestimmtes Musikstück aus deiner Jugend denkst, wirst du es innerlich hören und gleichzeitig ein Gefühl dazu spüren und möglicherweise sogar rhythmische Bewegungen mit deinem Körper machen.

Da wir normalerweise unsere innere Textverarbeitung nicht „anwerfen", um die alten Texte zu redigieren bleiben diese so wie sie sind. Darin sind somit auch viele Informationen, die vielleicht als Siebenjähriger nützlich waren, jedoch als fünfzigjähriger nicht mehr richtig förderlich sind. Jedenfalls für bestimmte Ziele. In unserem Organismus entsteht auf Dauer somit eine gewisse Unordnung und es wird schwer etwas zu finden, was man gerade aber dringend bräuchte. So gehen jedenfalls die meisten von uns mit ihrem Unterbewusstsein um.

Darum ist es wichtig immer mal wieder die alten Massenspeicherungen zu defragmentieren. Gerade auch beim Thema Geld und Finanzen.

In Wirklichkeit erleben wir die gespeicherten Erfahrungen auch nicht wirklich wieder, sondern wir erhalten aufgrund dessen was wir sehen und hören einen Gedankenprozess und dieser führt zu einer emotionalen Antwort in unserem Körper zu dieser Erinnerung.

Wenn wir als kleines Kind in einen Streit unserer Eltern involviert sind, der sich um Geld und Finanzen und den Umgang damit dreht, bekommen wir möglicherweise durch den Filter unserer kindlichen Wahrnehmung den emotional unterlegten Glauben mit auf den Weg, dass irgendwas mit uns nicht richtig läuft. Das meine Eltern in einer lebensbedrohenden Situation sind, weil Geldmangel existenzielle Ängste bei Ihnen auslöst und ich als Kind beginne zu glauben, dass dies alles an mir liegt und es Ihnen besser gehen würde, wenn ich gar nicht leben würde.

Oder ein Beispiel von mir selbst. Mit 10 Jahren hatte ich meine Kommunion. Ich erhielt damals für meine Verhältnisse unfassbar viel Geld geschenkt. Es war klar, dass dieses Geld auf ein Sparbuch eingezahlt wurde. So erhielt ich mein erstes Sparbuch und war stolz wie Oskar, als ich mit meiner Mutter bei der Sparkasse als neuer Sparer begrüßt wurde. Die Konditionierung als Sparer war damit emotional schon einmal gelungen.

Was aber für mich sehr schlimm war, war etwas ganz anderes. Ich erhielt damals 5 DM von meiner Mutter geschenkt und durfte damit machen was ich wollte (so hatte ich es jedenfalls verstanden). Ich sollte mir jedenfalls was dafür kaufen.

Ich dachte natürlich: „Wow. Jetzt gehst du erstmal zum Bäcker Sauer (so hieß der wirklich) und kaufst dir Eis. Ich sehe heute noch in meiner inneren visuellen Repräsentation den Verkaufsraum dieser Bäckerei und sogar die Lage der Bäckerei in dem Gebäude. Es handelte s ich dabei um ein amerikanisches Hochhaus, was damals sehr modern war in Bonn-Tannenbusch. Doch das nur nebenbei.

Jedenfalls gab ich die 5 DM komplett für Eis aus und mir ging es richtig gut. Bis ich nach Hause kam und meine Mutter mich fragte, was ich mit dem ganzen Geld denn gemacht hätte. Ich sagte, dass ich es für Eis ausgegeben habe. Daraufhin änderte sich der gesamte Körperausdruck meiner Mutter dahingehend, dass Sie anfing zu schimpfen und richtig laut zu werden, bis dahin schließlich, dass ich eine geknallt bekam. Ich wusste gar nicht wie mir geschah, da ich doch in bestem Wissen und Gewissen gehandelt hatte.

Meine Mutter wollte mir nur beibringen, wie ich in dieser Welt mit Geld umgehen soll und wollte ein paar Verhaltensparameter bei mir installieren. (Mit Geld geht man sparsam um. Der Belief ist ja in gewisser Weise auch nicht blöd, wenn man das Ziel verfolgt Schulden in jedem Fall zu vermeiden). Meine Mutter fühlte sich wahrscheinlich bei ihrem ganzen Ärger noch so, dass Sie ihrem Sohn einfach nur helfen wollte. Es ist eben nur die jeweilige Sichtweise von jedem. Was habe ich daraus mitgenommen?

Geldausgeben ist nicht besonders nützlich. Vor allen Dingen für Dinge, die einem Spaß machen ist es überhaupt nicht hilfreich Geld auszugeben.

Von meinem Gefühl her habe ich vieles aufgelöst, doch bin ich immer noch nicht derjenige, der groß einkaufen geht wenn er Geld hat. Solche Geschichten passieren täglich weltweit zu Tausenden. Das Kind nimmt etwas mit und praktiziert das von dem Zeitpunkt an wieder und wieder und so entwickelt man einen Glaubenssatz über sich selbst.

Jedes Ereignis wird so von den eigenen Wahrnehmungsfiltern bewertet. Der gegenwärtige Moment wird so eine Trance über die Vergangenheit. Wir achten auf Beweise in den jeweiligen finanziellen Situationen, die um uns herum geschehen, um unsere Glaubenssätze und Emotionen zu verfestigen und sie dann letztendlich in die Zukunft zu projizieren. Unser Bewusstsein ist darauf spezialisiert Beweise zu finden, um unsere Glaubenssätze zu bestätigen.

In dieser Weise entstehen im Laufe der Zeit regelrechte Pfade in den Hirnarealen (limbisches System), die für die Bewertung von Emotionen zuständig sind und unseren physischen Körper in Bewegung versetzen.

Wie unschwer nachzuvollziehen ist, werden aus den Pfaden irgendwann regelrechte „Schnellstraßen" mit Abzweigungen und Abfahrten, um immer wieder die gleichen Resultate zu produzieren, damit alles irgendwann so schnell abläuft, dass

Reiz > Reaktion

auf Autopilot läuft.

Diese Glaubenssätze sind dann sehr häufig vollkommen verdeckt im Unterbewusstsein/Unbewussten, welches unser Leben im Hier & Jetzt und natürlich auch in der Zukunft steuert und lenkt.

Bedenke dabei immer, dass der unbewusste Geist gewohnheitsmäßig funktioniert. Er unterscheidet nicht zwischen Wirklichkeit und Vorstellung. Das Unbewusste ist zeitlos und hat eine ungeheure Verarbeitungskapazität von tausenden Ereignissen gleichzeitig, die gecheckt und gescannt werden. Immer wieder und wieder.

Noch ein Wort zum Ankern

In meinem Denken sind Anker und Trigger deckungsgleich. Es handelt sich dabei um Referenzpunkte für die im Abschnitt zuvor beschriebenen Datenautobahnen.

Ein Anker ist nichts anderes, als ein sensorischer Stimulus, der mit einem ganz spezifischen Set Up an Verhaltensweisen verlinkt ist. Der wohl bekannteste Trigger ist die Geschichte mit den Hunden und Pawlow.

Klingel > Speichelfluss > Essen

Ein Stimulus Response Prozess. Ein Trigger löst immer eine automatische Reaktion aus.

Im NLP gibt es einen Glaubenssatz, der da lautet: *„Der Schlüssel ist immer der State (Zustand)."*

Dabei wird ein erwünschter Zustand (Desired State), der mit einem Ziel verbunden ist mit einem sensorischen Anker (meist) ein Körperanker verknüpft. Ziel ist es, bei Aktivierung dieses Ankers den erwünschten Zustand automatisch hervor zu rufen. Auf Autopilot eben. Dieser Vorgang wird in jeder <u>NLP Ausbildung schon recht früh jedem Practitioner</u> beigebracht. In der <u>Hypnose</u> wird dies auch recht häufig praktiziert.

Trigger können aber auch Worte sein, die wir hören oder sehen. Es kann sich um eine ausgesprochene Phrase handeln, eine Berührung oder einfach ein Gegenstand, der zuvor mit einem bestimmten Zustand verkoppelt wurde. Das „Abfeuern" eines Triggers führt mental zu einer Kettenreaktion und ruft entsprechende Gefühlszustände ab.

Ein Beispiel: In der frühen <u>Moneytrainer-Literatur (Bodo Schäfer)</u> wurde immer wieder empfohlen einen 500,- Euro Schein bei sich zu tragen, um zu dokumentieren, dass immer genug Geld vorhanden ist und zu zeigen, dass man sich mit Geld wohlfühlt. Nun sind aber gerade Geldscheine perfekte Anker und lösen emotionale Zustände aus. Zudem ist nach meiner Erfahrung der 500,-Euro-Schein häufig negativ besetzt und löst eher negativ erlebte Gefühle, wie Scham oder Schuld aus. Also ein negativer Trigger. Wenn nun immer wieder der 500,-Euro-Schein angesehen wird oder gar in die Hand genommen wird, führt dies eher zu einem Stuck State und damit zur genau gegenteiligen Wirkung. Mit FasterECT oder einer anderen Methode müsste somit der Anker zunächst einmal „entmachtet" werden.

Das bloße Ansehen eines Geldscheins führt somit zu einer „Tranceerfahrung", welche wir Erinnerung nennen und die Gedanken daran produzieren einen emotionalen Zustand.

Aus Sicht der energetischen Psychologie ist es daher wichtig zu verstehen, dass der Körper ein feines Energiesystem ist, welches wir normal nicht durch unsere 5 Sinne erleben. Mit jedem Gedanken fließt diese Energie durch unseren ganzen Körper innerhalb von spezifischen Leitbahnen, den sogenannten Meridianen und erschafft internale Reaktionen. Das vollständige System ist komplett vernetzt, so dass die Lebensenergie aus dieser Sicht von einem Meridian in den nächsten fließt. Diese Lebensenergie trägt die Namen Chi, Prana, Ki, Mana und in der Quantenphysik einfach nur Energie. Je nach Kulturkreis.

Immer dann, wenn wir ein **Trauma (belastendes Erlebnis)**, Stress, negative Wörter oder andere auslösende Faktoren erleben, beeinflusst das den Energiefluss im Körper. Wenn so etwas passiert wird in der Amygdala (den Mandelkernchen) im limbischen Teil des Gehirns dieser Vorgang aufgenommen und codiert. Diese Information wird sowohl im mentalen (geistigen) wie auch im physischen Körper gespeichert und gibt ab diesem Zeitpunkt Auskunft darüber, wie in der Zukunft innerhalb der Neurologie des Menschen reagiert werden soll.

Es ist vergleichbar mit einem Hamsterrad.

Es gibt ein auslösendes Ereignis, welches als Trigger dient. Daraus entsteht als Antwort eine bewusste oder zumeist unbewusste Reaktion. Dann treffen wir oftmals unbewusste Entscheidungen über die Situation, welche uns wiederum zu weiteren Referenzen, wie „internalen Glaubenssätzen und Wahrnehmungen" führen. Das führt uns zu emotionalen Reaktionen, welche wiederum bewertet werden. Aus diesen Bewertungen folgen weitere Handlungen, welche wiederum auf internalen Referenzen beruhen. Ein Circulus Vitiosus sozusagen. Ein sich beständig wiederholender Kreislauf. Entweder haben wir dann je nach Bewertung einen Teufelskreis oder einen Engelskreis.

Ein Problem entsteht somit aus energiepsychologischer Sicht, wenn „veraltete Daten" aus früheren Jahren, welche mal unser Überleben gesichert haben zur „Analyse" von Situationen als Erwachsener herangezogen werden. Die „alten überkommenen" Glaubenssätze sind oftmals nicht nützlich und brauchbar für unser jetziges Leben. Leider operiert unser Geist-Körper-Seele-System aufgrund des „alten Datenmaterials" mit absehbaren Folgen. Was früher also ganz wunderbar zur Sicherung unserer Existenz diente, ist im Hier Und Jetzt oftmals einfach nicht mehr brauchbar und nützlich. Wir brauchen also ein Verfahren, welches uns hilft diese unbewussten automatischen Muster zu unterbrechen, um bessere, nützlichere und zieldienlichere Muster und Glaubenssätze zu implementieren.

Soweit die Theorie. Fast alle Methoden zur Veränderung versuchen in diesen Vorgang einzugreifen zum Wohle eines gesünderen, erfolgreicheren und besseren Lebens.

Gefühle

„Das Licht ist besser in unserem bewussten Denken aufgehoben, aber um Heilung müssen wir uns in der Dunkelheit unseres Unbewussten kümmern! (Bernie Siegel)

Gedanken und Gefühle erreichen unser Bewusstsein wie Blitze. Ständig und zu jeder Zeit. Das gehört zu unserem Leben. Für diesen beständigen Vorgang, der sich millionenfach wiederholt benötigen wir keinerlei Anstrengung. Es geschieht einfach.

Alle Gefühle und Gedanken entstehen im Unbewussten. Dinge wie Existenzangst, Angst zu Verarmen, das Gefühl nicht viel wert zu sein, zu viel und unkontrolliert Geld auszugeben, zwanghafte Gedanken und viele andere unerwünschte Verhaltensweisen im Zusammenhang mit Geld beginnen alle im Unbewussten/Unterbewusstsein.

Dauerhafte Gefühle, wie Angst, Hilflosigkeit, Hoffnungslosigkeit, Schuld usw. haben einen starken Einfluss auf unsere Gedanken, Entscheidungen und täglichen Handlungen.

Wenn wir beginnen gegen diese Gefühle bewusst anzukämpfen lassen wir uns auf einen nicht mehr endenden Streit ein. Wenn wir diese Gefühle selbst behandeln wollen ist es hilfreich dieselben an der Wurzel anzugehen, indem wir die Informationen verändern und korrigieren, welche im Unbewussten/Unterbewusstsein gespeichert sind.

Indem wir beginnen die Zeit „anzuhalten", gelingt es uns immer besser die dazugehörigen Bilder zu sehen, welche unsere Gedanken und Gefühlen „unterfüttern". Dadurch können wir besser verstehen, was uns wirklich im jeweiligen Moment beeinflusst.

Und wenn wir die unterliegenden Bilder erkennen, können wir vergangene finanzielle Traumen, finanzielle Entscheidungen über die wir uns grämen oder finanzielle Vernachlässigungen heilen. Diese Idee, dass der Mind laufend Bilder produziert und aufgrund dessen im Prinzip die unterliegenden Bilder und die damit einhergehenden Emotionen gelöst und verändert werden ist auch der wichtigste Bestandteil **der Mace Energy Methode**. Einer weiteren extrem wirkungsvollen Methode, um Traumen und vergangene Einschränkungen zu heilen.

Dieser ganze Prozess hilft die unbewussten Teile des Selbst zu finden und wenn das gelingt, können wir diese Ego States wieder komplett (re-)integrieren in unsere Psyche.

Das macht uns insgesamt vollständiger. Dieser Vorgang macht unser Selbst ganzer, vollständiger und stärker. Das innere Heilen dieser finanziellen Muster führt dazu, dass im Finanziellen und materiellen Außen permanent Veränderung geschieht.

Diese Änderung führt dazu, dass wir mehr Kontrolle über unsere finanziellen Entscheidungen, mehr Befriedigung im Umgang mit Geld, mehr Selbstakzeptanz und einen neuen integren finanziellen Zustand erreichen. Unsere finanzielle Identität ändert sich dadurch enorm.

Wenn wir es auf den neurologischen Ebenen **des NLP** betrachten erreichen wir durch diesen Vorgang ein finanzielles Selbst, welches mit einem starken und kraftvollen Symbol, wie z.B. einer Sonne einhergeht.

Die scheinbar verlustig gegangenen Qualitäten unseres Selbst helfen uns innerlich den Mind zu beruhigen und unsere (finanzielle) Seele positiv zu nähren.

Halten wir fest, dass die unbewussten Teile unseres Geistes solche Kräfte entwickeln die wir mit unserem bewusst denkenden und handelnden Verstand nicht beeinflussen können. Das Unbewusste als Supermacht hat auf diesem Gebiet einfach die Herrschaft. Und darum braucht es Methoden und Techniken, die uns dabei helfen hier klar zu kommen. Die gute Nachricht ist, dass wir mit Hilfe von FasterECT und **NLP** nach Innen gehen können und herausfinden, wie wir unsere Welt (unsere Wirklichkeit) echt wirklich repräsentieren und mit unseren unterbewussten Teilen neu kommunizieren. Ändern wir die Kommunikation mit unserem Unterbewusstsein – ändern wir auch die Welt da draußen um uns herum.

Die Kunst sich selbst zu verändern

„Gehirne sind nicht dazu entwickelt, um Resultate zu erzielen; sie gehen in bestimmte Richtungen. Wenn du weißt, wie das Gehirn funktioniert kannst du deine eigenen Richtungen vorgeben. Wenn du es nicht tust, dann macht es irgendjemand anderes für dich." **(Richard Bandler)**

Das alles Entscheidende bei jeder Art von Veränderung ist die Sache mit den Glaubenssätzen im Unbewussten. Oft fangen die Leute bei Veränderungen mit einer Entscheidung an und starten damit im bewussten Denken und denken, dass Änderung möglich ist. Oftmals geht es um Gewohnheiten. Auch beim Thema Geld und Finanzen geht es im Grunde genommen um Gewohnheiten.

Man stelle sich einfach mal einen Börsentrader vor, der seine Brötchen damit verdient, dass er Schwankungen an den Finanzmärkten täglich ausnutzt und somit sein Geld verdient. Aktien und Währungen schwanken in ihrem von Menschen festgelegten Wert ständig. Mit diesen Schwankungen lässt sich sehr gut Geld verdienen, wenn man ein paar Gewohnheiten installiert hat, die dafür nützlich sind.

Oft habe ich schon gehört, **dass Trading** (der Handel und Verkauf von Aktien und Währungen)nichts für mich ist. Oder von Aktien will ich nichts mehr wissen, höre ich häufig, „weil da habe ich nur schlechte Erfahrungen mit gemacht."

Nun ist das Buch hier kein Aufruf zum Handel mit Wertpapieren. Das wäre ein anderes Thema und kann hier gar nicht von mir in seiner ganzen Breite und Dimension abgedeckt werden. Doch so viel soll dazu gesagt werden, weil sich bei diesem Thema mit Geld gut zeigen lässt, wie (unbewusste) Glaubenssätze und Gewohnheiten funktionieren oder eben nicht.

Die Börse mit all ihren Finanzprodukten, welche der menschliche Geist Kraft seiner Phantasie entwickelt hat, ist ein Abbild menschlicher Gefühle, Stimmungen und Glaubenssätze. Darum ist es nicht verkehrt zu sagen, dass Börse letzten Endes Massenpsychologie ist. Wer sich da noch mehr einlesen möchte, dem empfehle ich von ganzem Herzen den **absoluten Klassiker von Gustave Le Bon „Psychologie der Massen".**

Und das nicht nur zum Thema Börse, sondern zum viel größeren Thema: Wie funktionieren eigentlich Massen.

Bleiben wir also bei unserem Beispiel des Finanztraders und seinen Gewohnheiten. Ein absolutes Muss für jemanden, der sein tägliches Geld damit verdient, um Miete und andere fixe Kosten zu bezahlen ist ein vernünftiges **Moneymanagement**. Moneymanagement bedeutet in diesem Zusammenhang immer zu wissen, wie hoch die eigene Positionsgröße in Bezug auf die Menge der Aktien zum Beispiel sein darf, damit bei einem (Total-)Verlust nicht direkt das ganze Geld futsch ist.

Gut, weg ist es ja sowieso nicht, aber unser Trader wird es so empfinden. Natürlich ist das Geld dann nur woanders. Und das auch wieder nur vorübergehend, weil Geld halt immer in Bewegung ist.

Hätte das Geld ein eigenes Bewusstsein würde es sich in der Bewegung am allerwohlsten fühlen.

Also, der Trader, der kein **gutes Moneymanagement** hat wird seiner Meinung nach Geld verlieren und das sieht dann in seinem Traderkonto auch so aus.

Er braucht also unbedingt gut funktionierende Gewohnheiten bei diesem Moneymanagement

a) Die Positionsgröße immer gut anpassen an das gesamte zur Verfügung stehende Kapital und

b) was vielleicht noch wichtiger ist, die Gewohnheit bei fallenden Kursen rechtzeitig „die Reißlinie) zu ziehen und auch bei steigenden Kursen nicht einfach die Gewinne laufen zu lassen, sondern seine Stopplinien nachzuziehen.

Natürlich hat das auch viel mit Wissen und Erfahrung zu tun, so wie das in jedem Beruf der Fall ist. Und doch ist es das nicht nur, denn es gibt in diesem Metier genauso wie anderswo auch erfolgreichere Trader und weniger erfolgreiche. ***Die Magier der Märkte sozusagen.***

In unserem Fall hat es ja mit Geld zu tun und Geld ist einfach ein extrem emotional besetztes Thema und ich habe noch niemanden getroffen, der gesagt hat: „Ich verliere gerne Geld."

Der vermeintliche Verlust von Geld fühlt sich für die allermeisten Menschen einfach nicht gut an. Es sei denn Du trainierst dir das na, was für den Erfolg an der Börse z.B. sehr hilfreich ist.

Für unseren Trader bedeutet dies, dass seinem bewussten wachen Verstand bei einem Unterschreiten einer Stopp-Linie sehr wohl klar ist, dass er nun den Verkaufsknopf drücken müsste, aber in unserem Traderanleger innendrin gibt es mindestens eine unbewusste Seite, für die sich der Verlust einfach „Sch…." anfühlt.

Da geht es dann um solche schon o.g. Gefühle, wie Angst, Scham, Schuld und Wut, die wiederum mit Glaubenssätzen eng verkoppelt sind. Diese Gefühle, welche den Glaubenssätzen unterliegen sind in dem Moment einfach stärker.

Und da unsere Glaubenssätze alle auf Erfahrungen beruhen, wie ich hoffentlich deutlich machen konnte, entsteht mit der Zeit ein Glaubenssatz, der in vielen unterschiedlichen Facetten das Thema hat: „Ich bin ein schlechter Trader oder Anleger und Aktien sind überhaupt nichts für mich."
„Überhaupt ist das alles Teufelszeug" usw.

Auf Dauer wird unser Trader damit sicherlich nicht großartig erfolgreich sein. Ich würde ihm also empfehlen über seine Fähigkeiten hinaus mit seinen unbewussten Anteilen neu zu kommunizieren und mit FasterECT etwas an seiner „(Trader)-Mentalität" zu machen.

Es geht in fast allen Fällen bei schlechtem Trading nicht um einen Mangel an Fähigkeiten, sondern um einen Mangel an nützlichen Einstellungen.

Der erste Schritt bei jeder Änderung menschlichen Verhaltens ist ja die Bewusstwerdung darüber, dass sich etwas ändern muss und das es so nicht weitergeht. Das ist dann aber auch schon das Ende des bewussten Denkens innerhalb dieses Prozesses.

Wenn wir uns die Hauptfunktionen unseres bewussten Denkens anschauen wird besser ersichtlich, warum es so wichtig ist, in die Tiefen des Unbewussten mit all seinen (An-)Teilen hinabzusteigen.

„Wo ES ist soll ICH werden" (Sigmund Freud)

Der bewusste Verstand ist bekannt für seine Fähigkeit zu analysieren. Er erlaubt uns eingehende Daten zu analysieren, darüber dann Entscheidungen zu treffen und Probleme zu lösen. Der rational operierende Teil des Bewusstseins analysiert alle Begegnungen und Gegebenheiten des menschlichen Lebens und bewertet diese. Er begründet alles, was um uns herum geschieht. Erklärungen zu finden ist ein wichtiger Part des rationalen Anteils unseres bewussten Denkens. Er sucht quasi solange, bis es sich einigermaßen stimmig anfühlt und „andenkt".

Durch dieses beständige Analysieren und Rationalisieren ist es schwierig die automatisch ablaufenden Prozesse des Unbewussten zu erreichen, welche uns in unseren (finanziellen) Problemen gefangen halten.

Willensstärke oder wie ich in Anlehnung an das **Zürcher Ressourcen Modell** von Maja Storch zu sagen pflege, unsere Selbstkontrolle als Teil unseres wachen bewussten Denkens hat nur sehr geringe Auswirkungen auf unsere Veränderungskompetenz.

Mit Selbstkontrolle kann man für einen begrenzten Zeitraum natürlich neue Gewohnheiten aufrecht erhalten. Auf Dauer ist diese leider nicht sonderlich nachhaltig.

In meinen Nichtraucherseminaren zum **Dauerhaften Nichtraucher** erlebe ich das immer wieder, wenn die Leute nach 1 oder 2 Jahren oder Frauen nach der Schwangerschaft wieder beginnen zu rauchen.

Der große Erfolg von FasterECT basiert auf den Fragen, welche noch vor dem eigentlichen Klopfvorgang gestellt werden und der genauen Beobachtung, wie Sie vor allen Dingen im NLP üblich ist. Ich rede hier von der Mikrobeobachtung des Verhaltens und des physischen Ausdrucks über Körpersprache, Gefühle und Sprache.

FasterECT bietet einen geeigneten Rahmen, um mit den Problemen zu arbeiten, welche den Lebensthemen zu Grunde liegen und vom bewussten Denken nicht identifiziert werden können.

Im FasterECT gibt es dafür das Kunstwort ART.

- **Aim – Ziel**
- **Release – Befreiung**
- **Transform – Umwandlung**

Oftmals glauben wir schon zu wissen was das Problem oder das Thema ist oder glauben zu wissen wodurch es verursacht wird.

Dabei ist das Problem sehr häufig nur die Spitze des Eisbergs. Es ist ziemlich wichtig unter die Wasseroberfläche zu kommen. An diesen nur schwer erreichbaren Ort. Darum stellt man im Faster ECT starke powervolle aus dem Frameset des NLP ausgeliehene Fragen für ein starkes Pre- Framing. So wird Veränderung optimal vorbereitet und leichter ermöglicht. Das persönliche Ziel wird dadurch leichter erreichbar.

Jedes menschliche Problem, welches in Coaching, Supervision oder Therapie angeboten und kommuniziert wird hat im Prinzip immer eine gleiche Struktur:

- Ein unterliegendes Glaubenssystem bestehend aus einem oder mehreren Glaubenssätzen
- Erinnerungen und innere Beweisführungen, um dieses Glaubenssystem zu bestätigen
- Viele damit verbundene Nervenbahnen
- Eine familiäre Dynamik und wie wir im Familiensystem „überleben"

- Verdeckte Gewinne
- Unbewusste Ressourcen, die noch nicht genügend genutzt wurden
- Ein oder mehrere Hindernisse
- Eine Aufgabe, welche nach der Lösung des Problems ansteht, aber schon Teil des Problems ist.

Die stärkste Kraft im FasterECT ist das Zielen. Was bedeutet das? Aiming bedeutet, wie man weiß und erkennt, dass das angebotene Problem ein Problem ist.

Es geht hier um die klassische Leitfrage aus dem NLP und der **systemisch-konstruktivistischen Therapie:**

„Wie wissen Sie, dass Sie ein (finanzielles)Problem haben?"

Mit dieser Frage führen wir unser bewusstes Denken hin zu den internalen Repräsentationen einer negativ erlebten Emotion oder eines Eindrucks in unserem Körper und in unserem Geist.

Diese zielführenden Fragen (Aiming) sind mit ziemlicher Sicherheit der Ausdruck davon, dass Robert G. Smith sich zu Beginn seiner Karriere als Coach und Trainer eben **viel mit NLP** beschäftigt hat.

Die Kunst der zielführenden Fragen im FasterECT

Die zielführenden Fragen sind hier anders wie in der klassischen Klopfakupressur. Sie sind ein ganz wesentlicher Teil des Erfolges von FasterECT, weil sie dem bewussten Denken helfen zielgenau in die Tiefe zu gehen. Es ist von großer Bedeutung das Problem in gewisser Weise zu zerlegen. Und die vielen unterschiedlichen Facetten aufzufächern und bewusst zu machen. Der gesamte Prozess der Ichwerdung ausgehend von einem bestimmten Problem wird hier im Kleinen durchlaufen. Das, was „ES"(unbewusst) ist wird zu „ICH" (bewusst) und erschafft eine innere Landkarte für neue Handlungsmöglichkeiten.

Pre-Framing

- **Jemand präsentiert ein Problem oder ein bestimmtes Thema.**
- **Wie weißt du dass du dieses Problem hast?**

Diese Frage gibt uns erste Hinweise, wie das Unterbewusstsein das Problem erschafft. Die Frage danach, wie sich das Problem äußert und wie es ich im eigenen Leben zeigt, ist von großer Bedeutung. Achte auf alles ganz genau, was als Antwort auf diese Frage auftaucht. Mimik, Gestik, die Bewegung der Augen (wo geht der Blick hin). Nutze alle Zugangshinweise, welche dir das Unbewusste anbietet. Das stellt die Blaupause zur Lösung und Befreiung von dem Problem und die Grundlage für eine neue positive Prägung dar.

<u>Die nächste Frage die wir dann stellen lautet:</u>

- **Wie weißt Du, dass du dieses Problem nicht mehr haben willst?**

Diese Frage erlaubt uns zu beobachten, ob wir wirklich schon bereit sind das Problem loszulassen. Langanhaltende und bestehende Probleme sind identitätsstiftend. Wir haben um dieses Problem herum eine bestimmte Identität erschaffen, welche wir bei einer Lösung desselben in gewisser Weise aufgeben müssen.

Oder es gibt eine innere Sorge die Komfortzone zu verlassen, die sich natürlich jeder Mensch im Laufe seines Lebens einrichtet. Diese Frage hilft uns verdeckte oder sekundäre Gewinne zu identifizieren, die wir durch das Problem erhalten. Die Frage nach dem verdeckten Gewinn ist wahrscheinlich überhaupt eine der wichtigsten Fragen bei länger anhaltenden Problemen. Die Aufdeckung desselben führt in aller Regel sehr schnell zur Lösung. Das gilt u.a. auch für zwischenmenschliche Konflikte in der Kommunikation mit Partnern oder Arbeitskollegen.

Verdeckte Gewinne können beispielsweise darin bestehen, dass ein Verlust von Liebe und Aufmerksamkeit durch andere angenommen wird. Häufig handelt es sich dabei um Familienmitglieder oder generell nahestehende Personen. Egal ob noch lebend oder schon verstorben. Gerade diese Qualitäten sind es ja häufig, die wir so dringend als Mensch brauchen und suchen.

Es wäre ja fatal, wenn durch eine Problemlösung genau das wegfällt und nicht mehr erreicht wird. Vollkommen neue soziale Strategien müssten eingeübt und probiert werden. Wer gibt uns die Liebe und Aufmerksamkeit, wenn das Problem weg ist? Verdeckte Gewinne zu erkennen ist enorm wichtig und müssen als erstes gelöst werden.

- **Hast Du das schon jemals zuvor in deinem Leben erfahren?**

Es ist wichtig zu verstehen, dass unser Angstgefühl in Wirklichkeit Wünsche und Affirmationen darstellt, die genauso stark und kraftvoll sind, wenn nicht sogar stärker wie es **positive Affirmationen** sind. Die meiste Zeit unseres Lebens verbringen wir damit negativ besetzte innere Affirmationen auszusprechen anstatt positiver. Indem jeder von uns so etwas wie einen blinden Fleck hat, wiederholen wir dieses Muster **(Affirmationen)** beständig. Die beständige Reflexion unseres Selbst fällt eben sehr schwer. Diese Frage führt uns zur Mustererkennung, indem sie uns leitet zu schauen, wie habe ich in früheren Zeiten reagiert. Gibt es da Muster? Und wenn ja welche? Das kann dazu führen, dass uns dies im Zusammenhang mit dem Problem zum ersten Mal auffällt und ein echter Augenöffner ist.

- **Finde heraus was ist das allerschlimmste an dem finanziellen Problem. Was ist das allerschlimmste an dem was Du im Zusammenhang mit Geld auf keinen Fall willst?**

Das Allerschlimmste am Problem und an dem was wir nicht wollen zeigt an, welche Kraft das Problem antreibt.

Es zeigt uns sofort an, vor was wir wirklich wegrennen und was uns durch das beständige Vermeiden dann doch in der Realität widerfährt.

- **Wen kennen wir noch, der das finanzielle Problem hat oder hatte und damit Erfahrungen gesammelt hat und wenn dem so ist, was ist da passiert und wie lange liegt das zurück?**

Diese Frage hilft uns zu erkennen, welche Muster in unserem Leben existieren und ob wir möglicherweise das Problem eines anderen leben. Haben wir evtl. die Probleme unserer Eltern oder Lehrer modelliert und haben sie damit zu unseren Problemen gemacht? Für das Klopfen mit Faster ECT ist es wichtig alle Gedanken dazu aufzuschreiben, weil das die Landkarte darstellt, warum und wieso wir ein Problem rund um Geld, Reichtum und Wohlstand haben.

Es gibt uns Hinweise über unsere Glaubenssatz-Struktur und was uns abhält das zu erfahren, was wir uns innerlich sehnlichst wünschen.

Diese einfachen Fragen geben uns die Struktur, wie unser (finanzielles) Problem aufgebaut ist und zusätzlich genug Anhaltspunkte und Hinweise, was wir mit dem FasterECT überhaupt behandeln sollen. Darum ist dieses Aiming so wichtig. Es zeigt uns die RoadMap für die weitere (Selbst)-Behandlung

Was willst du wirklich im Gelduniversum?

„Im NLP ist das Allerwichtigste – die Sache mit den Zielen" (Christoph Simon)

Als nächstes ist es wichtig exakt zu bestimmen was du wirklich willst. Viele Leute sind sich dessen mehr bewusst was sie nicht wollen, anstatt exakt zu wissen, was Sie tun wollen.

- **Was willst du tun/haben/sein anstelle des Problems?**

Wichtig zu wissen ist, dass wir mit dem Aussprechen des Zielsatzes höchstwahrscheinlich den kritischen Teil des Unterbewusstseins direkt aktivieren. Dieser sendet sofort Warnsignale in Richtung limbisches System, dass wir jetzt dabei sind die Spur zu verlassen und so schnell wie möglich wieder in die Komfortzone oder ins Familiensystem zurück sollen.

Wollen wir das Ziel wirklich? Oder ist es sicherer zu sagen, ich bleibe in meinem Komfortbereich, der mir vertraut ist. Gerade beim Thema Geld und Finanzen haben wir es nach meiner Erfahrung aus vielen <u>systemischen Aufstellungen zum Thema Geld</u> zumeist mit archaischen familiären Mustern zu tun.

Doch jetzt sind wir bereit mit FasterECT das Problem und alles was sich darum herum abspielt loszulassen und zu transformieren. Erlaube dir alle Gefühle zu spüren und verstärke das Gefühl sogar noch. Es wird jetzt leicht mit Hilfe des FasterECT den negativ erlebten Zustand zu befreien. Als nächstes transformieren wir das Problem in ein positives Ziel.

Wir klopfen solange bis alle internen Referenzen durch den Frageprozess entdeckt und auf 0 runtergeklopft sind. Jede Erinnerung und jedes Gefühl welches in jeder neuen Klopfrunde auftaucht wird von uns behandelt. Dadurch befreien wir gleichzeitig in diesem Prozess die vergangenen Erinnerungen und den gegenwärtigen Schmerz, den unser *„Nichtbewegen"* verursacht.

Wer bin ich, wenn ich das (finanzielle) Problem nicht mehr habe?

Diese wichtige Frage ist vielen Menschen gar nicht so richtig klar. Langanhaltende Probleme und dazu zähle ich finanzielle Themen sind immer auch Identitätserhaltend. Damit stiften finanzielle Probleme so blöd es auch klingen mag Sinn. Sinn ist im Leben von uns Menschen mit das Wichtigste was es gibt. Für Sinnstiftendes tun wir fast alles.

Oft sagt man natürlich, dass man müde und erschöpft ist von dem Problem und auch schon so viel unternommen hat, um es zu lösen. Was wir jedoch dabei vollkommen unterschätzen ist die Identitätsstiftende Wirkung des Problems und wie viel Sicherheit dieses Problem uns gibt, indem es eine starke Identität um uns herum baut.

- **Wenn du dein Problem löst, wem wirst du dadurch am meisten unähnlich?**

Diese Unähnlichkeitsfrage aus **der systemischen Aufstellungsarbeit** weist nochmals darauf hin, welche starke Kraft und Sogwirkung ein langanhaltendes Problem oftmals haben kann. Geht doch etwas „Neues", wie immer das auch aussieht mit einem phantasierten Identitätsverlust einher, der natürlich dann auch in der Wirklichkeit nicht nur fantasiert wird, sondern auch real eintritt. Diese Teilidentität, welche oft mit den Eltern in Verbindung steht bekommt einfach Angst.

Ich persönlich habe eine Suchtgeschichte aus meiner Jugend, die mich mit Rauschgiften wie Heroin, Kokain und Cannabis in Verbindung brachte. Es war so schlimm, dass ich irgendwann mal „drauf war", wie es in der Umgangssprache so schön heißt.

Später kam ich dann in eine Therapie und wohnte über 5 Jahre in einer Lebensgemeinschaft in Berlin. Daraus wurde zunächst eine berufliche Orientierung in diesem sog. Suchtbereich.

Worauf ich hinaus will, wenn ich das hier schreibe. Im „Suchtsystem" bekommt der Betroffene die Zuschreibung: „ Du bist ein Süchtiger". Irgendwann glaubt er selbst, dass er ein „Süchtiger" ist. Ob das hilfreich und nützlich ist, sei dahin gestellt. Mir geht es hier nur um den Vorgang.

Jede Aussage auf der Seins-Ebene ist jedoch zunächst eine Identitätsbezeichnung. Die Zuschreibung „Ich bin ein Süchtiger oder Alkoholiker oder Raucher", macht etwas mit der Seele und der Psyche. Diese Teilidentität beginnt das eigene Selbst zu strukturieren und man beginnt eine persönliche Geschichte drum herum zu erzählen. Dabei ist es überhaupt nicht leicht, diese Geschichte wieder umzuschreiben.

„Menschen werden zu den Geschichten, die sie sich erzählen." (Jay Efran) (auch in finanziell-materieller Hinsicht, Anm. von mir)

Jedoch bin ich und andere Menschen natürlich nicht ewig „ein Süchtiger". Das Leben geht ja bekanntlich weiter. Es kommt dabei immer sehr stark auf die jeweilige Lebensumwelt den Kontext an. Es ist lediglich eine Facette des Selbst, die in bestimmten Lebenssituationen aktiviert wird.

Ansonsten sind wir als Menschen nicht unsere Geschichten. Es sind alles nur Etiketten, die wir uns selbst geben. Produktbeschreibungen oder Labels (Marken) könnte man sagen und wir sind aber auch zu jeder Zeit ganz viele andere Identitäten gleichzeitig, die dann nur nicht so wahrgenommen werden. Doch unsere Sprache gestaltet Wirklichkeit. Darum ist es so wichtig immer wieder genau über Sprache zu reflektieren. Unter **anderem auch ein Grund, warum die Arbeit mit Afformationen so wichtig ist.**

Wir sind nicht der Alkoholiker oder der Süchtige. Wir sind nicht Krebs…, wir sind nicht der finanzielle Versager.

Das ist alles nur etwas worüber wir eine Erfahrung gemacht haben und der Versuch unserer Seele uns wieder auf einen authentischen Pfad zurück zu führen.

Das Gleiche gilt für Angst, Panikattacken und Stress. Das sind alles Dinge, die wir machen und nicht haben. Das ist ein Riesenunterschied.

FasterECT hilft die emotionale Ladung von diesen Dingen zu nehmen und erlaubt uns einen Wechsel unserer Wahrnehmung oder besser noch „Wahrgebung". Denn „Wahrgebung" müsste es richtiger heißen. In unserer dualen Welt schauen wir oftmals nur auf die eine Seite und blenden die andere Seite vollständig aus.

Wir sehen dadurch häufig das Geschenk nicht, welches uns durch diese Erfahrung mitgeliefert wurde. Wenn es uns gelingt die damit verbundenen Emotionen zu neutralisieren oder in gewisser Weise „abzulösen", können wir die andere positive Seite der Münze deutlich sehen und mehr wertschätzen.

Im Prinzip handelt es sich dabei um Selbstsupervision.

So wie ich schon geschrieben habe war ich von meinem 14. – 24. Lebensjahr sehr mit Rauschmitteln beschäftigt. In dieser Zeit hat mein Unterbewusstsein mit Sicherheit jede Menge Traumen erlebt und abgespeichert. Diese Erfahrung erschien mir nachdem ich dann sogar noch im Gefängnis landete als sehr unangenehm und ich empfand mich doch sehr als Opfer der Gesellschaft.

Mehrere Anläufe benötigte ich, um dann endlich drogenfrei zu leben. Doch innerlich brauchte ich noch viel länger, um mich von diesen Erfahrungen zu erholen und ganz allmählich eine andere Sicht der Dinge zu bekommen.

Als ich Ende der 90-er Jahre **mit systemischer Aufstellungsarbeit** und **Energetischer Psychologie** in Berührung kam konnte ich noch etliche Emotionen aus vergangenen Erinnerungen klopfen und sah immer noch stärker, was ich dadurch als Geschenk erhalten habe. Ich musste mir eingestehen, dass ich nach dem Klopfen und der Selbstbehandlung sehr verblüfft war, wie „tief" ich gekommen war in meiner Erkenntnis. Es wurde auf einmal alles so klar. Diese Erfahrung bestätigte mir, dass ich mit der **Klopfakupressur** und der **Energetischen Psychologie** auf dem richtigen Weg war. Dieses Schlüsselerlebnis war in gewisser Weise eine solche Schlüsselsituation und diente mir als Bestärkung dran zu bleiben.

Das war so stark, wie es Jahre zuvor nur die ersten **Erfahrungen mit NLP** und **Hypnose** hatten.

Das Future Pacing

Im NLP gibt es einen Prozessteil innerhalb der Kategorie Zielearbeit namens Future Pace. Dieser Teil dient dazu, um zu prüfen, ob das ersehnte Ziel in der Zukunft ökologisch ist und in die Lebenszusammenhänge hinein passt. Es ist wichtig, ob das, was wir erreichen wollen im besten Interesse aller Beteiligten und des Höheren Selbst ist. Das ist die größere Bedeutung von Future Pace.

Wir benutzen unsere Kraft der Imagination, um zu sehen, wie wir auf die gleichen Probleme reagieren, welche uns in der Vergangenheit Sorgen bereitet haben. Dabei ist es wichtig im Hinterkopf zu behalten, das unser Unterbewusstsein/Unbewusstes nicht unterscheidet zwischen Wirklichkeit und Vorstellung. Das gibt uns die Möglichkeit einen guten Indikator zu haben, ob ein Thema gelöst ist und was daran noch nicht erlöst ist.

Zudem ist ein Future Pace hilfreich, um Ziele zu kreieren welche wünschenswert sind, aber derzeit noch Probleme bereiten. Denn ein Ziel ist ja nichts anderes, als ein Problem welches auf dem Kopf steht, denn sonst wäre es schon erreicht.

Manche Ziele werden wir wahrscheinlich nie erreichen, weil sie ganz einfach ein Produkt unseres bewussten Denkens sind, welche durch einen Abgleich mit unserer Umwelt entstanden sind.

Beispiel: Der Nachbar hat ein neues geiles Auto gekauft und nun will ich das auch haben.

Aus der Perspektive der Seele oder des Höheren Selbst liegt dieses Ziel jedoch gar nicht auf meinem Lebensweg. Das kann mit dem Future Pace ebenfalls gut abgeglichen werden.

Und wenn es passt bekommen wir die Zielerreichung mit Hilfe unseres Unterbewusstseins und unserer Gefühle in Richtung eines erwünschten Ziels viel schneller hin. Wir beginnen neue Pfade in unserem Gehirn zu bilden, welche das erwünschte und ersehnte Ziel schneller in die Realität bringt.

Egal ob wir mit einem Klienten oder mit uns selbst arbeiten. Die beständige Wachsamkeit und Aufmerksamkeit auf die physischen und emotionalen Antworten lässt uns Feedbackschleifen erhalten, die uns Auskunft darüber geben, wie viel Arbeit noch getan werden muss.

Kongruenz

Wenn wir mit jemand arbeiten ist es von größter Bedeutung die kleinen feinen Veränderungen im Gesicht wahrzunehmen, wenn du den Klienten bittest eine zukünftige Situation vorzustellen und dann darauf sehr genau zu achten, wenn das „alte Problem" wieder auftaucht. Das ist der entscheidende Punkt jeder Veränderungsarbeit.

Diese kleinen feinen Inkongruenzen, die auftauchen, wie z.B. ein Zucken der Augenlider, wenn die Lippen die Farbe verlieren, wenn die Muskeln um die Mundwinkel herum sich verspannen und viele andere ideomotorische Bewegungen, die alle nicht der bewussten Kontrolle unterliegen. Wenn einige dieser Zugangshinweise beim Future Pacing auftauchen, dann ist es immer eine nützliche Idee wieder zurück zu gehen und das noch aufzulösen, was übrig geblieben ist.

In dieser Form hat Robert G. Smith auch erkannt, wie **powervoll NLP** ist, was die genaue Wahrnehmung von minimalen Zugangshinweisen betrifft. Dieser Future Check ist bei aller systemischen Kompetenz und Genialität in den energiepsychologischen und systemischen Modellen ein wenig untergegangen.

Hier ist es nach meiner Erfahrung oft sehr hilfreich den Klienten genau zu beschreiben was ich wahrnehme und mein eigenes Problem damit zu beschreiben, wenn ich die Arbeit nun beenden würde. Oftmals offenbart das einige noch nicht balancierte Emotionen oder Erinnerungen, welche sonst höchstwahrscheinlich unbemerkt geblieben wären.

Gerade finanzielle Themen sind nach meiner Erfahrung äußerst hartnäckig, da die neue oder andere finanzielle Identität oftmals in der Vorstellung des Unterbewusstseins so weit entfernt ist von dem bisher gelebten, dass hier ganz genau geguckt werden muss, ob das neue (zumeist höhere finanzielle) Ziel überhaupt ökologisch ist.

Wenn wir hier noch weitere Trigger finden gehen wir wieder zum Klopfen mit FasterECT über. Solange, bis die inneren Repräsentationen sich in positive umkehren.

Das Future Pacing oder Future Forward, wie es in **der lösungsorientierten systemischen Kurztherapie** auch genannt wird kann für alle Ziele und Gelegenheiten genutzt werden, wo es darum geht etwas Bestimmtes im Leben zu erreichen oder zu bekommen. Es kann zur primären Zielerreichung genutzt werden, aber auch als Feedbacksystem für den Körper, wie er auf die Zielsetzung reagiert. Eine andere Art **eines Muskeltest** sozusagen.

Warum (be-)klopfen wir finanzielle und andere Themen

Klopfen ist ein bisschen wie Klopapier. Es funktioniert nur, wenn man es benutzt. Wenn Du es nicht benutzt, hast du schnell einige Probleme, die stinken. (Robert G. Smith)

In der **energetischen Psychologie** wozu ich das FasterECT zähle gilt nur die Gegenwart. Im Hier und Jetzt sind wir bewusst und leben. Wenn wir in der Zukunft oder in der Vergangenheit sind gehen wir in gewisser Weise in einen Zustand von Trance. Diese kann natürlich sehr nützlich und hilfreich sein, meist ist sie das jedoch nicht und somit mehr eine Problemtrance, die stabilisierend für das (finanzielle) Problem ist.

Die Vergangenheit ist vorüber und die Zukunft ist noch nicht entwickelt. In diesem wundervollen Gedicht aus dem Sanskrit, welches ich aus den **Büchern der Anonymen Alkoholiker** kenne, ist dieser „wahre" Zustand am besten abgebildet.

Achte gut auf diesen Tag,
denn er ist das Leben –
das Leben allen Lebens.
In seinem kurzen Ablauf liegt alle seine
Wirklichkeit und Wahrheit des Daseins,
die Wonne des Wachsens,
die Größe der Tat,
die Herrlichkeit der Kraft.
Denn das Gestern ist nichts als ein Traum
und das Morgen nur eine Vision.

Das Heute jedoch, recht gelebt,
macht jedes Gestern
zu einem Traum voller Glück
und jedes Morgen
zu einer Vision voller Hoffnung.

Drum achte gut auf diesen Tag.

Energiemuster

Glaubenssätze und Erinnerungen sind in diesem Denken Energiemuster, welche in einem elektromagnetischen Körperfeld gehalten werden. Gleichwohl ist es nicht möglich etwas zu löschen. Was jedoch sehr wohl möglich ist, indem das energetische Feld irritiert wird, ist die Unterbrechung bestimmter Muster. Somit existiert zu jedem Zeitpunkt die Möglichkeit neues Verhalten aufgrund der existierenden Glaubenssätze zu erzeugen oder noch besser Wahlmöglichkeiten zu erschaffen durch „Installation" neuer besserer Kognitionen.

Diese Wahl haben wir immer. Mit FasterECT gelingt es uns in gewisser Weise die „Problemtrance" zu unterbrechen und andere bessere Muster zu implementieren.

Das oberste Ziel von Faster Emotionally Concentrated Focused Transformation ist es diese Problemtrance aufzulösen und die Struktur unserer Erinnerungen zu verändern. Wir klären die emotionale Ladung, die auf diesen Erinnerungsbruchstücken liegt. Dadurch können wir jedes Problem beseitigen. Das funktioniert sehr zuverlässig. Erinnerungen sind Reflexionen unserer internen Glaubenssatz-Struktur. Wir drücken diese aus als eine Metapher wer wir in dieser Welt sind und wie wir in dieser Welt sind.

Wenn ich sage, Ich bin finanziell ein Versager, bedeutet das nichts anderes als eine Reflexion meiner Erinnerungen und mündet in eine Metapher des „finanziellen Losers", die wiederum diktiert, wie ich mich in der finanziellen Welt im Umgang mit Geld und Materie zu verhalten habe. Das ist das WIE. Die Gebrauchsanleitung fürs Gehirn. Die Road-Map.

Wenn unsere Erinnerungen nicht real sind und alles nur innere Geschichten – warum ist es von Bedeutung diese zu verändern?

Wir klopfen, weil diese Erinnerungen in Form von emotionalen Mustern und Bewertungen unser inneres Alarmsystem der Amygdala aktiviert. Diese beiden kleinen Mandelkernchen als wichtiger Bestandteil unseres limbischen Gehirns bewerten, ob etwas gefährlich ist oder nicht und leiten somit Signale zu unserem singulären Cortex oder eben auch nicht. Um diesen Reaktionismus zwischen Flucht und Angriff zu unterbrechen, **behandeln wir mit dem klopfen eigentlich unsere Amygdala.**

Alle Emotionen aufgrund unserer finanziellen Erinnerungen werden hier bewertet und entweder in vernünftige Weiterleitung zur Neubewertung in den Cortex transportiert oder eben erst gar nicht zugelassen. Dann schreibt sich die finanzielle Loser Story einfach weiter fort.

Während wir ein als negativ erlebtes Gefühl, wie z.B. Angst Geld zu verlieren oder eine Emotion wie Hoffnungslosigkeit im Zusammenhang mit Geld erleben, klopfen wir die Akupunkturpunkte auf den Meridianen. Dadurch sendet der Organismus die Botschaft ans Gehirn das alles o.k. ist im körperlichen System. Es erlaubt den Mandelkernen die Gefahrensignale auszuschalten und die innere Weiterleitungsampel von Rot auf Grün zu schalten.

Das innere Ablagesystem versetzt dann die alte Erinnerung mit der neuen emotionalen Antwort. Es geschieht innerlich bei jedem Klopfen. States (Zustände) werden miteinander verschmolzen, mit dem Ziel einen neuen besseren Zustand zu erschaffen. Dieser Vorgang nennt sich Collapsing Anchors. Eine der <u>**allerfrühesten NLP Interventionstechniken**</u> wo neue Zustände neue Wahlmöglichkeiten liefern, um zukünftig anders zu handeln.

Diese auftauchenden und im Körper wahrnehmbaren negativ erlebten Gefühle werden dann im Zusammenhang mit dem Problem so lange „beklopft", bis wir eine völlig neue positiv wahrnehmbare Emotion erreichen. Dann ist dieser Collapsing Anchors Prozess abgeschlossen und wir haben die Möglichkeit an unserem finanziellen Ziel ganz neu zu arbeiten.

FasterECT lehnt sich natürlich wie alle anderen energiepsychologischen Verfahren auch an die Idee **der Meridianleitbahnen** und die auf ihr liegenden Akupressur-Punkte an.

Akupressur ist eine alte Tradition der **TCM**, welche die Finger benutzt, um bestimmte Schlüsselpunkte auf der Körperoberfläche zu stimulieren. Das kann über Klopfen und Halten geschehen.

Ich empfehle das Klopfen, weil es meiner Ansicht nach eine größere Wirkung auf das Unterbewusstsein hat und dieses stärker beeindruckt im Sinne einer Musterunterbrechung.

Das Unterbewusstsein merkt dann einfach, dass hier etwas Neues geschieht und natürlich ist Faster ECT wie jedes andere psychologische Verfahren auch, eine sehr nützliche Arbeit mit dem Unterbewusstsein.

Wenn die Punkte geklopft werden befreit dies den Organismus von Muskelverspannungen und fördert zusätzlich die Blutzirkulation. Die körperliche Lebenskraft wird gestärkt. Darum ist das Mindeste, was mit jeder Form des Klopfens erreicht wird, eine Zunahme körperlicher Entspannung, welche sich oftmals in einem herzhaften mehrmaligen Gähnen ausdrückt.

Das ist immer ein Hinweis dafür, dass sich der Körper neu organisiert und eine „Neubewertung" vornimmt. Akupunktur und Akupressur nutzen beide die gleichen Punkte, aber Akupunktur benötigt feine Nadeln, während Akupressur nur die Finger oder Hände benötigt, um den Körper zu stimulieren.

Wie funktioniert (Klopf-) Akupressur?

Akupressurpunkte befinden sich auf der Körperoberfläche und sind besonders sensitiv für bioelektrische Impulse. Diese Akupunkturpunkte leiten die elektrischen Signale besonders schnell weiter. Durch die Stimulation dieser Punkte werden Endorphine als ein vom Körper selbst hergestelltes Opiod freigesetzt. Die Schmerzsignale der normalen Nervenleitbahnen werden dadurch u.a. unterbrochen. Diese „Musterunterbrechung" führt dazu, dass neue Muster etabliert werden können.

Der wahrgenommene Schmerz wird dadurch unterbrochen und die Blut- und Sauerstoffzufuhr zum betroffenen Areal wird gefördert. Das hilft, dass sich die Muskeln entspannen und Heilung gefördert wird.

Das Ganze funktioniert nun eben nicht nur mit Nadeln, sondern auch mit dem „Klopfen". In gewisser Weise werden die „Schmerzpforten" zum Gehirn geschlossen. Damit wird Vorbeugung betrieben, bevor die Schmerzsignale durch das Rückenmark weitergeleitet werden. Zusätzlich zur Schmerzunterbrechung erfährt der physische Körper eine Rebalancierung, indem Spannung und Stress aufgelöst werden. Dadurch wird wiederum das Immunsystem positiv unterstützt.

Spannungen neigen dazu um die Akupunkturpunkte herum zuzunehmen. Wenn ein Muskel chronisch verspannt ist produziert er zu viel Milchsäure, was viele ganz gut kennen, wenn Sie ihren Körper beim Sport nach einer längeren Ruhephase überlastet haben. Dieser Vorgang findet im Körper zu jeder Zeit auch „im Kleinen" statt. Diese Muskelverspannungen werden ausgelöst durch Schlafmangel, jedwede Art von Trauma, Stress und Imbalancen durch Unausgewogenheit der körpereigenen Chemie.

Durch das Drücken oder Klopfen der **Akupressurpunkte** werden die Muskeln wieder verlängert und entspannen dabei. Das Blut kann leichter fließen und die Giftstoffe werden freigesetzt und können leichter abtransportiert werden. Mehr Sauerstoff und andere Nährstoffe werden in die betroffenen Zentren gefördert. Das führt zu einer Zunahme von Harmonie, Wohlbefinden und schließlich Gesundheit.

Die körperliche Heilung gibt auch positive Effekte für den Geist. Wenn die Spannungen gelöst sind fühlt man sich nicht nur körperlich besser, sondern auch emotional und geistig befreiter. Wenn unser Körper entspannt, entspannt auch unser Geist und erschafft somit einen anderen Zustand von Bewusstheit und Aufmerksamkeit. Die größere Bewusstheit führt zu mentaler Klarheit und hilft den Konflikt zwischen Körper und Geist und zwischen Bewusstem Denken und unterbewusstem Denken zu lösen.

Wenn wir mit FasterECT klopfen zielen wir auf die erste Erinnerung oder die erste Prägung in Verbindung mit dem Problem ab und lösen dann die emotionale Ladung darauf. Das Hauptprinzip bei jeder Glaubenssatzarbeit besteht darin, dass eine erste Prägung oder auch mehrere Erfahrungen gestapelt und dann gespeichert wurden und diese in gewisser Weise modifiziert werden. Löschen geht nicht, aber Modifikation mit neuen Wahlmöglichkeiten und „emotionale Entladung" ist die beste Lösung, um bessere Kognitionen möglich zu machen.

Ein Beispiel aus dem Bereich Selbstständigkeit und Zeiteinteilung:

Das präsentierte Problem: Ich habe verschiedene Arbeitsstellen und will meine Coaching-Praxis ins Laufen bringen. Wenn ich Zeit habe, vertrödele ich diese jedoch, anstatt an meinem Business zur Selbstständigkeit zu arbeiten. Bis hin zu völlig anderen Tätigkeiten, wie z.B. Putzen, Wohnung aufräumen oder Computerspiele spielen. Es gibt eine Seite in der Person, der etwas vollkommen anderes einfällt als ein Business ins Laufen zu bringen.

Dieses Thema kennen wahrscheinlich viele, die sich selbstständig machen wollen oder sogar schon selbstständig sind. Dazu hat wahrscheinlich jeder irgendeine Erklärung, woran das liegen könnte.

<u>Im FasterECT würde ich jedoch so beginnen:</u>

„Ich vertrödele meine Zeit"

Wie weißt du das?

Wenn ich mich an den Schreibtisch setze und anfange zu planen und an meiner Selbstdarstellung und meinen diversen Internet-Aktivitäten arbeiten will, werde ich unruhig und bekomme Gedanken, wie beispielsweise „das hat doch keinen Zweck oder das wird doch nie was" und ich starte dann mit belanglosen Zeitverschwendungs-Tätigkeiten.

Nun könnte man direkt mit FasterECT an diesem Thema spezifisch arbeiten oder noch eine Zwischenfrage stellen.

„Aus welchen Situationen kennst du das? Woher kommt dir das bekannt vor? Kennst du das aus früheren Situationen? (im Grunde eine einfache Frage, welche ich auch in meinen Supervisionen häufig stelle, um Muster von Übertragungen auf andere bedeutende Personen der Lebensgeschichte zu klären)"

„Ich hatte früher schon bei meinen Hausaufgaben immer Schwierigkeiten mich zu konzentrieren."

Hier könnte man nun noch tiefer einsteigen, weil das auf eine erste Kognition hinweist.

Die Prägungen, die durch die schriftlichen Hausarbeiten entstanden sind erschaffen ein bestimmtes vermeidendes Verhalten. So werden schriftliche Arbeiten zu einem Thema, welches innerlich unruhig macht und in vermeidendes Verhalten mündet. Nun wäre es sicherlich noch gut zu testen inwiefern andere Menschen daran beteiligt sind. So werden schriftliche und planerische Tätigkeiten zum emotionalen Trigger, die auf diesen geprägten Erfahrungen beruhen.

Das Thema des „Aufschiebens" von wichtigen Tätigkeiten ist in Wirklichkeit noch viel komplexer.

Es gilt hierbei verschiedene Aspekte zu beachten:

a) Die erste und wichtigste Fähigkeit, die wir brauchen, um irgendetwas langfristig durchzuführen, ist die Fähigkeit sich zu erinnern. Die Fähigkeit, sich wieder und wieder daran zu erinnern, welche Bedeutung, welchen Sinn man mit dieser Tätigkeit einmal verbunden hatte. In der Phase des Durchführens erhält man normalerweise den Lohn für eine saubere Zielsetzung und eine kraftvolle Entscheidung. Je mehr ein Ziel als selbstbestimmt erlebt wird, je kraftvoller die Entscheidung war, desto leichter fällt diese Erinnerung.

b) Die wichtigste Emotion, die die Phase des Durchführens ermöglicht, ist das Interesse. Interesse sorgt dafür, dass die Aufmerksamkeit auf das Tun gerichtet wird und dort auch „haften" bleibt. Nur wenn wir die innere Bindung an ein Projekt aufrechterhalten können, werden wir emotional in Verbindung mit unseren Zielen bleiben können, kann man langfristig durchführen.

c) Einer der Gründe, warum wir das Interesse an etwas verlieren ist der, dass wir „getriggert" werden. Was heißt das? „Getriggert" bedeutet, es gab einen Auslöser, eben einen Trigger, der alte, schmerzhafte Gefühle ausgelöst hat, die dann umgehend ihre Wirkung entfalten. Wenn Menschen Dinge, die Ihnen einmal wichtig waren abbrechen, wenn sie zu häufig und schnell das Interesse verlieren, dann deshalb, weil irgendetwas im Zusammenhang mit diesem Projekt ungute und unglückliche Gefühle ausgelöst hat. Unser Mensch hatte vielleicht sehr große Schwierigkeiten mit einem Lehrer aus der 9. Klasse und jegliches Lernen ist im Grunde mit Angst verknüpft oder mit Entmutigung. Mathematik und Physik sind als Fächer prädestiniert dafür. Während des Kurses sagt eine alte, aber hartnäckige Stimme: *„Ich kann es ja doch nicht."* Das daraus resultierende Gefühl ist mies und es wird durch falsche Entscheidungen verwirklicht. Das Fatale dabei ist, sehr häufig wird uns dieses Gefühl nicht bewusst, die innere Stimme wird uns nicht bewusst, aber plötzlich fühlt es sich völlig rational an, diesen Kurs abzubrechen.

Jetzt wird mit FasterECT so lange behandelt, bis die Erinnerung kippt und eine Art Re-Imprinting stattfindet. Ziel ist es in einer Art, die Wahrnehmung (besser noch Wahrgebung) der Realität zu kippen, bis wir es nicht mehr als real annehmen, sondern es lediglich als eine von vielen Repräsentationen unseres bewussten Verstandes abbuchen. Dadurch wird es möglich „gesündere" Prägungen einzuspielen, die sich mit dem „Alten" vermischen.

Finanzielle Themen mit FasterECT „heilen"

„Klopfe solange bis es weg ist oder du aus den Latschen kippst. So oder so wirst du aufwachen, als wäre es ein ganz neuer Tag." (Robert G. Smith)

Wie ist es nun am besten zu starten?

Als erstes schlage ich dir vor ein **„Geldliste oder Finanzielle Themen-Liste"** zu schreiben. Diese dient dem Ziel alle finanziellen Themen bis zum Wurzelwerk zu erkunden, um dann aufräumen zu können.

Die Geldliste spiegelt den Baum mit seinen Wurzeln wider.

Wir schreiben alles auf, was die finanziellen Probleme in irgendeiner Weise unterstützen könnte.

Assoziere einfach! Nimm alles was dir einfällt! Schreibe einfach auf, was dein finanzielles Problem aufrecht erhalten könnte. Diese Geldliste gibt uns einen Startpunkt, von dem wir loslegen können mit den Haupt-Glaubenssätzen.

Die Geldliste beinhaltet alle Erinnerungen, Probleme, Geschehnisse, Ressentiments, Ängste, Traumen, Umzüge, Schule, Jobverluste, alle deine finanziellen Beziehungen, alles Körperliche was im Zusammenhang mit Geld geschah, alle emotionalen Schlüsselpunkte in deinem Leben. Schreibe dazu alles auf von der Kindheit an, auch vermutete Erinnerungen, an die du keine bewusste Erinnerung hast. Wenn da etwas auftaucht beim Schreiben deiner Liste gehört das da drauf. Eine solche Liste ist in aller Regel leichter zu erstellen, als eine Liste darüber, wie man es gerne hätte und wie man sich friedvoll fühlen wollte. Geldthemen sind fast immer sehr emotional.

- Eltern, Taschengeld entzogen, nie Taschengeld bekommen, z.B. meine Eiserfahrung, Streitereien, was der Vater und die Mutter öfters zum Thema Geld sagten, was Oma und Opa sagten, den Eltern Geld aus dem Portemonnaie geklaut zu haben
- Job, frustige Bewerbungsgespräche, Jobverlust, Kündigung, Gefängnisaufenthalte, nicht bestandene Prüfungen, frustiges Feedback in irgendwelchen Ausbildungen, finde ich überhaupt nochmal einen Job,
- Selbstständige, den Kunden hinterm Geld herlaufen, verspätete Zahlungen, Stress mit Kunden, nicht zu wissen, ob das neue Produkt überhaupt Geld einbringt,
- Partner, was der so über Geld redet, Scheidungskriege, Trennungskriege über Unterhalt und dergleichen
- Kindheit
- Direkter Umgang mit Geld, Börsenverluste, Insolvenzen, immer zu wenig auf dem Konto, es kommt nicht genug rein, Angst die Rechnungen nicht zahlen zu können, Panik bei Steuererklärung oder Finanzamt, bei jeder Anschaffung überlegen müssen, ob man sich das leisten kann, noch Ewigkeiten auf das neue Auto, das Haus, die Wohnung etc. warten zu müssen, überlegen zu müssen, wo ich sparen kann uvm.
- Ständige Ängste, ob es diesen Monat reicht, ob es nächstes Jahr reicht,
- Ich habe kein Geld weil, mein Partner das ganze Geld ausgibt, …weil mir die Bank keinen Kredit mehr gibt, …weil ich keine bessere Ausbildung bekommen habe, …weil die Kinder so viel Geld und Aufmerksamkeit kosten, …weil niemand meine wahren Qualitäten erkennt usw.

- Fantasien – Schreibe ruhig auch fantasierte Hypothesen auf, die dir einfallen. Ich wiederhole die Geschichte meiner Mutter usw.

Zu verstehen was Du nicht willst, macht die Geldliste so wertvoll. Das Ganze auch wirklich mal aufgeschrieben zu haben bringt alleine schon sehr viel.

Ich erlebe es immer mal wieder beim Thema Geld, dass mir die Leute sagen, dass Sie jetzt endlich genug von dem ganzen Blödsinn in ihrem Leben haben. Wenn ich danach frage, was sie tun wollen, sind jedoch die meisten Menschen ratlos. Wohlgeformte Zielsetzung braucht nach meiner Erfahrung häufig ein Gegenüber, welches zuhört.

Darum ist das Reden darüber, was man nicht will sehr nützlich. Auch wenn es dadurch zunächst einmal das finanzielle Problem aufrecht hält. Wir erhalten eine Menge Kraft indem wir über das sprechen, was wir gar nicht im Leben haben wollen. Natürlich ziehen wir dadurch auch mehr davon an und produzieren „ein mehr desselben".

Natürlich ist das auf Dauer vollkommener Bullshit, aber zunächst ist es erst einmal so. Wir werden in gewisser Weise Experten darin niemals endende Schleifen zu etablieren über Dinge, die wir gar nicht haben wollen. Ist doch irgendwie sehr verrückt.

Also eine Geldliste gibt uns die Chance direkt zu Beginn schon die großen Themen anzugehen, selbst wenn man glaubt schon zu wissen, was man klopfen sollte. Eine Geldliste mit dem, was wir nicht haben wollen ist einfach ein guter Startpunkt zum Klopfen, weil wie gesagt, wir meistens besser wissen was wir nicht wollen, anstatt zu wissen was wir wollen.

Das Stressniveau messen

Um Feedback zu bekommen und den persönlichen Fortschritt zu messen, ist es hilfreich den momentanen Stresslevel zu messen. Diesen Vorgang erledigen wir nach jeder Klopfrunde, um zu spüren ob das Stressniveau im Körper tatsächlich sinkt. Dazu nutzen wir die simple SUD-Skala, die sich nach Joseph Wolpe auch in der energetischen Psychologie als sinnvoll und nützlich erwiesen hat. Damit lässt sich der emotionale Fortschritt hinsichtlich einer Problemlösung hervorragend messen. Die SUD (subjective unit distress)-Skala kann für jedes Problem genutzt werden, bei dem es darum geht die Quantität von emotionalem Stress oder Schmerz zu messen.

Andererseits lässt sich die Skala auch auf der „positiven" Seite einsetzen, um Zuversicht und Vertrauen in die Erreichbarkeit von Zielen zu messen.

Blicke dann noch mal auf deine Geldliste oder nimm nun einfach das Thema, an welches Du am allermeisten denkst und am allerwenigsten gerne haben würdest, wenn Du dein Leben nochmal von vorne leben könntest.

1. Als erstes denken wir nun an das ausgewählte finanzielle Problem. Einfach dran denken und dieses Thema in die Aufmerksamkeit bringen. Achte darauf, wie du das Thema wahrnimmst. Ist es eher ein mentales Bild, ein Gefühl oder etwas was du hörst? Bemerke einfach, wie du es repräsentierst. Dann schätze nun auf einer Skala von 0 bis 10 ein, wie hoch der Stress ist.
2. 0 ist dabei das untere Ende der Skala. Wenn 0 erreicht ist bedeutet das, dass alle Symptome bezüglich des wahrgenommen Problems weg sind. Du fühlst dich ruhig und ausgeglichen.
3. 5 in der Mitte der Skala bedeutet du fühlst dich etwas unbehaglich, aber du kannst damit noch ganz gut umgehen.
4. 8 auf der Skala bedeutet das Level an Unbehagen ist heftig.
5. 10 bedeutet, dass du sehr aufgebracht bist (auch mit von außen wahrnehmbaren Sensationen)in Bezug auf das auslösende Ereignis und die Intensität ist so hoch, dass es höher nicht mehr geht. 0 bedeutet dem gegenüber nochmal, dass es keine Emotion oder negativ erlebte Reaktion mehr gibt in Bezug auf die Erinnerung an das Ereignis.
6. Schreibe die Zahl entweder auf oder halte sie für dich mental im Geist als Notiz.
7. Wichtig ist immer darauf zu achten das Intensitätsniveau im jetzigen Moment zu messen. Niemals was du denkst, wie es in der erlebten Situation sein könnte. Alles findet nur im Hier und Jetzt statt.
8. Nach der ersten Runde mit FasterECT wirst du wahrnehmen, dass der Stress im Körper weniger geworden ist, aber wahrscheinlich noch nicht ganz gelöst. Das ist immer ein wichtiger Hinweis darauf, dass dieses behandelte Problem noch nicht ganz gelöst ist und mehr Klopfrunden erforderlich sind. Fördernd ist Beharrlichkeit wie es im großen Weisheitsbuch I Ging so häufig heißt. Solange bis die Intensität auf 0 ist. Das ist unser erklärtes Ziel.

Der wahre Wert dieses Modells besteht darin eine Innensicht zu erhalten, wie das Problem gegenwärtig repräsentiert wird. Das eigene Modell der Aufrechterhaltung eines Problems wird dadurch viel deutlicher, weil wir normalerweise abschalten und nicht erkennen wie wir das Problem in unserem Geist selbst kreieren.

Was beim Klopfen von Symptomen noch zu beachten ist

Während des Klopfens taucht häufig das Phänomen auf, das die körperlich wahrnehmbaren Symptome plötzlich nach einer Klopfrunde an einer ganz anderen Stelle im Körper auftauchen. Zum Beispiel kann es passieren, dass die Emotion vom „Klopfstart" verschwindet und eine andere ihren Platz einnimmt. Aus Angst wird möglicherweise eine Hilflosigkeit. Oder ein Kopfschmerz mit dem begonnen wurde wechselt in einen anderen körperlich wahrnehmbaren Schmerz oder wechselt möglicherweise in eine Spannung in der rechten oder linken Schulter.

Diese Änderung der körperlichen Phänomene während einer Behandlung ist etwas vollkommen Typisches für alle Techniken innerhalb **der Energetischen Psychologie**. Diese Änderungen treten bei allen Klopftechniken sehr häufig auf, weil unterhalb des Problems/Themas Emotionen liegen, die zuerst gar nicht wahrgenommen wurden. Darum ist es wichtig immer mit dem zu Klopfen was sich gerade zeigt.

Nur das Gegenwärtige hat beim Klopfen mit FasterECT die Macht und Power das (finanzielle) Thema vollständig zu lösen.

Die Einstimmungs- oder Behandlungsphrase im FasterECT

Die Behandlungsphrase im FasterECT ist vollkommen unterschiedlich von derjenigen, wie sie in der **traditionellen Klopfakupressur** genutzt wird. Das ist wichtig für Anwender, die sich normalerweise mit der klassischen Klopfakupressur selbst behandeln und nun ihre Klienten mit FasterECT behandeln wollen.

Ziel beim FasterECT ist es direkt mit dem Unbewussten zu arbeiten. Wenn alle unsere Probleme darin bestehen, dass es einen Konflikt zwischen Bewusstem und Unbewusstem gibt, jedoch die Lösung eines Problems eher im Unbewussten/Unterbewusstsein zu erreichen ist, macht es Sinn das Unbewusste/Unterbewusstsein direkt anzusprechen, so wie es auch in **der klinischen Hypnose** der Fall ist.

Nach meiner Erfahrung macht es Sinn sich immer wieder zu vergegenwärtigen, dass jedes länger andauernde Problem oder Thema und ein Lebensthema hat jeder von uns, welches es zu lösen gilt, aus einem Konflikt zwischen Bewusstem und Unbewusstem gespeist wird. Eine Seite will dieses und die andere Seite will jenes. Der Ego-State (Ich-Zustand) will das und der andere Ego-State will aber was anderes.

Das klassische Szenario für einen Konflikt nur auf der eigenen seelischen Ebene, der sich nach dem Prinzip der Entsprechung dann auch im materiellen Außen zeigt.

Die Einstimmung beim FasterECT

1. Mache die als negativ erlebten Gefühle oder Erinnerungen bezüglich des finanziellen Problems zunächst einmal stärker. Drehe sie quasi innerlich auf! Wie beim Lautstärkeknopf eines Radios.
2. Frage dich dann selbst (bei einem Klienten lässt du den Klienten sich selbst fragen): *„Wenn ich einen Baum mit seinem ganzen Wurzelwerk ausgraben würde, was würde vollkommen natürlich mit dem Baum passieren?"* (Dabei wird es so sein, dass ein Bild eines Baumes ohne Halt innerlich erscheint, der dann umfällt und stirbt). Das Bild ist wichtig. Falls dieses Bild

nicht so schnell auftaucht oder die Antwort des Klienten nicht prompt erfolgt, ist es nützlich nachzuhelfen und die Antwort vorzugeben. Im Prinzip kann dazu jede Metapher genommen werden.

3. Die Analogie der Baummetapher passt meistens sehr gut. Alternativ wird im FasterECT auch häufig die Frage genommen: *„ Wenn ich (du) ein ganzes Bündel von Heliumballons, wie es sie auf der Kirmes zu kaufen gibt in meiner Hand halte und wenn ich dann die Hand öffne, was würde natürlicherweise passieren?"* (wenn die Antwort wiederum nicht so schnell kommt, dann helfe einfach nach und gib dieselbe vor). Das Bild ist wichtig zur Einstimmung für die weitere Arbeit.

Die Absicht dieser Behandlungsphase besteht darin zunächst einen Separator zu setzen. Ein Separator ist technisch ausgedrückt nichts anderes, als ein Zustand, der zwischen Problem und Lösung liegt. Ein Separator geht mit einem anderen inneren Erleben einher und wird im NLP oft ganz bewusst eingesetzt, um einen negativ erlebten Zustand zu verlassen und hin zu einem erwünschten Ressource-Zustand zu wechseln. Der andere Grund besteht darin dem Unbewussten jetzt schon zu erlauben alles loszulassen, was jetzt danach mit dem Klopfen behandelt wird.

In der Dynamind Technik, welche ja auch mit einer Klopftechnik einhergeht wird dazu zu Beginn des Prozesses ein Körperanker installiert, wie z.B. die Hände so zu falten, als wenn man beten würde oder sich am Ohrläppchen zu zupfen usw. Das ist das Signal für das Unbewusste, das jetzt etwas Neues passiert und es sich schon mal darauf einstellen kann.

Das Unbewusste kann jetzt schon beginnen die als dominant erlebten Gefühle gehen zu lassen. Wie gesagt, im Grunde genommen kann jede Metapher verwendet werden, die keinen allzu hohen Erklärungsbedarf braucht.

Die FasterECT Klopf Punkte

Die Faster Emotionally Concentrated Transformation nutzt folgende Hauptmeridiane um emotionale Trigger zu unterbrechen.

- **Zwischen den Augen oder Augenbrauen** (Blasenmeridian - Yang). Dieser Klopfpunkt befindet sich am Anfang der Augenbraue, direkt über der Nasenwurzel zu beiden Seiten der Augenbraue. Ich klopfe diese Punkte mit zwei Fingern oder sogar beiden Händen gleichzeitig.
- **Die Schläfen beiderseits der äußeren Augenränder** (Gallenblasenmeridian-Yang). Dieser Punkt liegt auf dem Knochen der den äußeren Rand des Auges begrenzt.
- **Unter dem Auge** (Magenmeridian- Yang). Klopfe dazu auf dem Jochbeinknochen unterhalb des Auges und direkt unterhalb der Pupille.
- **Schlüsselbeinpunkte –** (Nierenmeridian-Yin) Diese Punkte liegen in der Vertiefung im Winkel zwischen Schlüssel- und Brustbein. Dazu gehst du mit den Fingern von der Drosselgrube aus 2-3 cm auf dem Brustbein nach unten und dann 2-3 cm nach links und rechts. Man kann die beiden Punkte aber auch sehr einfach mit der flachen Hand klopfen. Das hat den positiven Effekt, dass gleichzeitig die Thymusdrüse noch mit aktiviert wird.
- **Handgelenk –** (oben alle Yang-Meridiane, wie Dreifacher Erwärmer, Dick- und Dünndarm und unterhalb die Yin-Meridiane, wie Lunge, Herz und Kreislauf-Sexus). Dazu klopfe ich das Handgelenk egal ob rechts oder links mit der gegenüberliegenden Hand Vier-Finger-Breit hinter der Handgelenksfalte, so dass der obere, wie auch untere Bereich stimuliert wird. Man kann es auch so machen, wie es häufig im FasterECT zu sehen ist, dass das Handgelenk an dieser Stelle einfach nur gehalten wird und die Punkte gedrückt werden.
- **Es ist egal mit welcher Hand du klopfst.** Du kannst auch jederzeit die Hände wechseln. Das alles spielt keine Rolle bei diesen Klopfverfahren.
- **Weniger Klopfpunkte als in der klassischen Klopfakupressur.** Du siehst, dass es deutlich weniger Klopfpunkte als in der klassischen Klopftherapie gibt. Sogar noch einmal weniger Klopfpunkte als bei den Short Cuts. FasterECT funktioniert mit den dargestellten Klopfpunkten sehr effektiv. Robert Smith hat wohl viel rumprobiert und durch Testing diese Punkte als die effektivsten und nützlichsten gewählt.
- **Noch weniger Klopfpunkte gibt es nur noch im:** <u>Whee</u>, <u>der Dynamind-Technik</u> und der <u>Mittellinien-Technik n. Dr. Fred Gallo</u> und im TAT

Tipp: Zwecks besserer Ansicht der Klopfpunkte habe ich hier die Bilder sehr gut lesbar auf meiner Webseite hinterlegt. Damit hast Du die Möglichkeit wegen der Druckqualität genau zu sehen, welche Klopfpunkte beim FasterECT von Bedeutung sind: https://finanzielle-freiheit-mit-eft.de/wp-content/uploads/Kopf_und_Hand_EFT-Klopfpunkte-1.pdf

Ein finanzielles Thema anvisieren und klopfen

Nehmen wir nun einmal das Allerweltsthema was viele Selbstständige betrifft, dass man sich nicht richtig traut, Geld zu nehmen und ein angemessenes Honorar zu kassieren. Einerseits weiß man sogar, dass man ein hervorragender Coach oder Therapeut ist und die Kunden wissen auch nur positives über die geleistet Arbeit zu berichten Dennoch ist es ein Horror, die eigenen Preise zu nennen, zu erhöhen oder sogar nur Rechnungen zu schreiben.

Du kannst natürlich, um mitzumachen dein eigenes ganz persönliches Finanzthema nehmen und damit parallel arbeiten. Falls Du das tust, empfehle ich dir unbedingt das Problem einmal in einem Satz zu formulieren und nieder zu schreiben.

Auf das Aiming bin ich schon zuvor eingegangen und habe die Bedeutung herausgestellt wie wichtig dieser Prozess im Kontext von FasterECT ist. Mit jedem Anvisieren bringen wir die Aufmerksamkeit auf die innere Repräsentation des Problems, sei es eine als negativ erlebte Emotion oder ein Bild oder ein Eindruck jedweder Art. Wenn wir klopfen wandelt sich der Stuck State oder Negative State (schlechter Zustand) in einen Positive oder Desired State (positiver oder erwünschter Zustand).

Die Grundtechnik im FasterECT (auf alle (finanziellen) Probleme immer anwendbar)

1. Frage dich also (oder den Klienten): „Wie weißt du, das du ein Problem hast? Ist es ein Bild, ein Ton/Geräusch/Stimme oder ein Gefühl?" (die Aufzählung biete ich zumeist an, um es den Leuten leichter zu machen).
2. Bemerke wie du es weißt und wo du es in deinem Körper fühlst.
3. Lege den Stresswert auf der SUD-Skala zwischen 0_____10 fest.
4. Identifiziere es einfach. Lege deine Hand dahin wo du es spürst und erkenne einfach wie du weißt, dass du ein Problem mit dem Geschilderten hast.
5. Dann beginne einfach zu klopfen. Klopfe auf die FasterECT-Punkte, die du im Bild oben sehen kannst. Fühle wie die Finger auf der Haut tappen und fokussiere so gut wie möglich auf die innere Repräsentation des Problems. (Bild, Gefühl oder Ton)
Sage dir dabei: „Ich befreie mich von diesem (r) _____ (setze hier das Gefühl ein, den Ton oder das Bild)und lasse los." Klopfe diesen Satz an jedem Punkt. Mache damit einen Durchgang.
6. Wenn Du das Handgelenk zum Ende klopfst nimm einen tiefen Atemzug, atme aus und sage laut: „Frieden."
7. Mache im Anschluss noch einen schnellen, kurzen Durchgang, indem du wieder die Punkte klopfst. Sage dir dazu an jedem Punkt, während du klopfst: „ Ich lasse los, lasse los, lasse los, es ist sicher loszulassen."
8. Wenn Du das Handgelenk zum Ende klopfst nimm einen tiefen Atemzug, atme aus und sage wieder laut: „Frieden."
9. Frage dich nun (oder den Klienten), wie hat es sich verändert? Visiere es wieder an! Bemerke was noch übrig geblieben ist. Dann kehre wieder dahin zurück und klopfe mit den gleichen Klopfpunkten wie zuvor.
10. Wenn Du bemerkst, das weitere Emotionen aufsteigen während des Klopfens bringe deine Aufmerksamkeit zu den überwältigenden Gefühlen, nimm diese wahr und richte deine Aufmerksamkeit auf das Klopfen der Akupunkturpunkte. Nimm das Gefühl des Klopfens auf deiner Haut wahr.
11. Unterbrich während dieser Phase keinesfalls das Klopfen. Das ist wie mit dem Winken im **EMDR oder wingwave**. Bleibe dran. Klopfe bis das Gefühl ganz weg ist oder die Intensität soweit auf 0 gefallen ist, auf der zuvor getesteten SUD-Skala.
12. „Blättere die Erinnerung um". Ändere und wechsle nun die innere Repräsentation der Erinnerung. Mache ein Re-Imprinting! Wir blättern um, indem wir ein positives Ziel erscheinen lassen und ein Re-Imprinting im Geiste geschieht. Klopfe dazu ein Ziel-Bild oder einen erwünschten Zustand und richte deine Aufmerksamkeit auf die innere Repräsentation dieses Zielzustands (Positive Outcome).
13. Führe diese Schritte bei jedem finanziellen Problem durch.

Nach dem ich diese einfache und immer wieder durchzuführende **Grundtechnik** erläutert habe, zeige ich jetzt noch **4 Klopfstrategien**, die im FasterECT häufig angewendet werden.

Jedoch ganz wichtig! Diese Grundtechnik funktioniert immer.

Das schnelle Klopfprotokoll

Zunächst legst du wieder fest, um welches Problem oder Thema es sich handelt.
Bemerke dann wieder, wie du weißt, dass es sich um ein finanzielles oder um ein Erfolgsproblem handelt.

Als Beispiel nehmen wir: Ich möchte meine Geldanziehung verbessern. (implizit laut gedacht: Die Geldanziehung läuft nicht so gut und macht Sorgen). Die Performance bezüglich der Geldanziehung ist verbesserungswürdig.

Du fragst dich nun einfach selbst: „Wie weiß ich, dass ich über die Performance meiner Geldanziehung beunruhigt bin? Wie weiß ich, dass mein Geldfluss nicht so fließt, wie ich das gerne haben will? Das muss ja an irgendwas abzulesen sein.

Das kann nun allesmögliche sein, wenn du an deinen problematisch erlebten Geldfluss denkst. Das Herz könnte beginnen schneller zu schlagen, ein Druck im Magen vielleicht oder ein Druck auf dem Brustbein oder irgendwelche Emotionen wie beispielsweise Angst, dass Geld fehlt oder Wut, dass es nicht so kommt, wie du es dir wünschst oder Ärger und Zorn auf andere, denen es finanziell besser geht. Das geht dann möglicherweise noch mit einem inneren Bild einher. Nimm also genau wahr, wie du das finanzielle Thema innerlich repräsentierst.

Wobei hier anzumerken ist, dass es sich auch um ein äußeres Bild handeln könnte. Nämlich indem Du auf deinen Kontostand blickst und eine Zahl siehst, welche Dir einen „schlechten Geldfluss" signalisiert. Jedoch zusätzlich geschieht natürlich auch in Dir selbst etwas. Nimm daher beides wahr. Der Blick im Außen – wie auch der Blick nach Innen. Letztlich geht es jedoch immer um deine Gefühle und Emotionen.

1. Nimm genau wahr aus welchen Emotionen, physischen Symptomen und/oder äußeren Bildern das finanzielle Problem besteht und wie es aufrechterhalten wird.
2. **Schließe deine Augen** gehe nach Innen und erlaube dir nun wirklich dich mit dem Problem innerlich zu verbinden. Mental und körperlich. Mache die Symptome stärker. Mache das innere Bild größer und noch lebendiger. Verstärke deine Emotionen, als wenn du die auf einer inneren Skala höher stellen kannst. Spüre sie noch viel intensiver. Die gute Nachricht dabei ist, dass du die Steuerung selbst in dir hast. Das bedeutet, du kannst sie auch jederzeit verändern und wieder runter regeln. Der Merksatz an dieser Stelle lautet: *„Je stärker du fühlst, desto schneller werden die Emotionen gehen."* Du musst es ja nicht so übertreiben, wie das teilweise im <u>EMDR</u> gemacht wird. Aber die Selbststeuerung soll deutlich zu merken sein.
3. Sage dir nun selbst, dass du das Problem und was es aufrecht erhält jetzt gehen lässt und fühle es zum letzten Mal. Du kannst dir auch sagen: *„Ich fühle es jetzt zum letzten Mal."*
4. Gib´ den Gefühlen, Bildern oder dem ganzen Problem eine Stresszahl auf deiner persönlichen SUD – Wolpe-Skala. Verstärke es ruhig nochmal.
5. **Jetzt öffne deine Augen** und visualisiere für einen Moment einen Baum vor dir. Stelle dir vor, der Baum steht da, mit freigelegtem Wurzelwerk. Alle Wurzeln unter dem Baum sind komplett freigelegt ohne Erdreich usw. Frage dich selbst: " Was würde mit einem solchen Baum vollkommen natürlich und organisch passieren? Richtig, er wird ohne Halt umfallen und sterben und eingehen." (Das ist das Standardbild für das Unterbewusstsein, welches im FasterECT am häufigsten gewählt wird).
6. **Schließe nun wieder deine Augen** und beginne zu klopfen. Bringe deine Aufmerksamkeit auf die Berührung der Finger auf deiner Haut. Fühle wie du klopfst!
7. Sprich folgende Sätze, während du klopfst!

8. Klopfe die beiden Augenbrauenpunkte: *„Ich befreie mich und lasse alles los: Jede Traurigkeit, alle Angst, alle emotionalen Traumen."*
9. Seitlich am Auge(Schläfenbein): *„Ich lasse los und befreie mich von aller Wut, jedem Zorn, Ressentiments und jedweder Schuld."*
10. Unter dem Auge (Magenmeridian): *„Ich lasse los und befreie mich von allen Urteilen, Verzicht und jedweden Verrat."*
11. Schlüsselbeinpunkte: *„Ich lasse los und befreie mich von aller Hilflosigkeit, Hoffnungslosigkeit, Gefühlen von Kontrollverlust, Ablehnung und allem anderen."*
12. Greife um dein Handgelenk und klopfe oder drücke die Handgelenkspunkte sanft: *„Es ist in Ordnung. Lasse alles gehen. Es ist sicher loszulassen."*
13. Halte oder klopfe dein Handgelenk weiter und nimm einen tiefen Atemzug (einatmen – ausatmen) und sage: *„Frieden"*
14. Checke nun wieder das Problem und notiere dir innerlich wie es sich verändert hat. Achte auf andere Emotionen oder physische Symptome, die nun evtl. aufgetaucht sind. Nimm alles wahr was in deinem Organismus geschieht.
15. Achte darauf was sich geändert und wie es sich geändert hat. *Hat sich der innere Druck evtl. verändert, ist das negativ erlebte Gefühl ganz weg oder hat es eher noch zugenommen und ist stärker geworden, ist der Schmerz verringert, hat sich etwas an eine andere Stelle im Körper bewegt oder hat sich irgendetwas anderes entwickelt und ist evtl. hinzugekommen?*
16. Achte genau darauf was von dem Problem, der Emotion oder dem Körpergefühl noch übrig ist. Wo auf der SUD-Skala liegt das, was noch übrig ist? Gib dem Problem (Stress) eine Zahl!
17. **Schließe nun wieder deine Augen und beginne wieder zu klopfen!**
18. Sage an jedem Klopfpunkt: *„ Es ist in Ordnung, lasse los, lasse los, es ist sicher loszulassen."* Oder alternativ: *„Es ist alles o.k., lasse los, lasse los, es ist sicher loszulassen."*
19. Klopfe oder halte deine Handgelenk, atme tief ein und wieder aus und sage laut: *„Frieden"*
20. Mache diese letzte Sequenz solange bis sich auch der letzte Rest an neg. erlebter Emotion, physischem Stress oder Schmerz aufgelöst hat. Nutze dazu die SUD-Skala. Am besten ist ein Erreichen von 0.
21. Wechsle nun die innere Aufmerksamkeit auf eine neue Repräsentation. Frage dich dazu: *„ Was war das wahre, echt wirkliche Geschenk dieser Erfahrung? Mache einen großen Reframe!* Wenn dir spontan nichts einfällt, frage dich, was das Geschenk gewesen sein könnte oder was es bei anderen Leuten hätte sein können.
22. Frage dich nun, wie du in der alten Erfahrung dich gerne gefühlt hättest. Wie wärst du gerne gewesen?
23. Nimm dir nun einen Moment und mache einen Future Pace. Gehe dazu einen Monat weiter in deinem Leben. Du bist jetzt 1 Monat älter geworden und stell dir die gleiche (finanzielle) Situation vor, die dir in deinem Leben so viel Kummer bereitet hat. *„So eine Situation wird in Zukunft wieder ähnlich auftreten, oder?" Und du kannst sie jetzt mit deiner neuen Erfahrung, wo alles aufgelöst wurde innerlich neu durchleben."* Das gleiche, alte Problem, die gleiche, alte Erinnerung – jedoch du bist ein Monat älter mit einer neuen Erfahrung (Kraftquelle). Wie fühlt sich das an? Frage dich dazu: *" Bin ich zufrieden mit meiner neuen Vergangenheit und meiner neuen Zukunft?"*
24. Gehe dann 6 Monate voraus. Spüre und fühle, wie dich das gleiche Problem nicht mehr berührt. Wie geht es dir? Was siehst du? Wie siehst du aus?
25. Gehe dann 1 Jahr und 2 Jahre voraus. Sieh dich in 1 oder 2 Jahren entlang deines persönlichen Weges im Leben. Wie geht es dir? Was hat sich in deinem Leben verändert und wie ist es besser? Was machst du, wenn du nicht mehr denkst du müsstest „das Alte" tun oder wenn du nicht mehr den Glauben hast du könntest nicht anders? Was ist nun mit dem Problem? Ist es überhaupt noch irgendwo da oder triggert es dich noch?
26. Nun gehe 5 Jahre in die Zukunft. Das gleiche Thema – immer noch. Wie geht es dir? Was ist anders? Wie sieht dein (finanzielles) Leben aus.
27. Zum Schluss: Ersetze nun die alte Erfahrung durch eine neue wünschenswertere. Frage dich dazu, wie du deine finanzielle Situation überhaupt gerne hättest. Wähle dazu am besten ein

Bild oder mach innerlich einen kleinen Film, der dich zeigt, wie du in deiner erwünschten Umgebung und in deiner erwünschten finanziellen Situation agierst.
28. Klopfe mit diesem Bild oder kleinen inneren Film noch einmal alle Punkte wie oben beschrieben. Einfach nur klopfen und bei dem Bild oder kleinen Film bleiben. **„Frieden".**

Während des Klopfens werden möglicherweise viele andere unterschiedliche Emotionen auftauchen und du wirst geneigt sein diese in deine Klopfroutine einzubauen.
Achte dabei jedoch immer darauf welche Emotion im Vordergrund steht. Handelt es sich dabei um Angst, einen Vertrauensbruch, Gleichgültigkeit und Leidenschaftslosigkeit, Verzweiflung (die normalerweise alles verdirbt), Enttäuschung, Wut, Scham, tiefe Frustration, Ekel und Hass oder sogar panische Angst bis hin zur Todesangst. Nimm immer die Emotion/das Gefühl welches im Vordergrund steht und dich gerade am allermeisten beeinflusst. Dann machst du alles richtig und bist auf der sicheren Seite.

Klopfe solange bis alles aufgelöst ist. Folge einfach den Emotionen/den Gefühlen, die sich zwischen den Klopfrunden zeigen. Klopfe solange, bis du dich rundum wohlfühlst. Erst dann kannst du davon ausgehen, dass sich das innere (unbewusste) Bild und alle damit verbundenen Gefühle gelöst sind.

Achte darauf auch wirklich nach jedem Klopfdurchgang einen tiefen Ein- und Ausatemzug zu machen, während du dein Handgelenk klopfst oder drückst. Dieses tiefe atmen zeigt deinen Unbewussten nochmals zusätzlich, dass du bereit bist vollständig loszulassen von dem finanziellen Thema. Es ist unerlässlich, dass dein Unbewusstes dies wirklich versteht. In gewisser Weise handelt es sich dabei um ein Commitment mit deinem Unbewussten.

Persönlicher Tipp: Verbinde das Klopfen deines Handgelenks auch ruhig mit einem Bild oder einer Situation, in der du dich einmal so richtig wohl gefühlt hast. Eine Zeit, in der es dir so richtig gut ging und du möglicherweise tiefen Frieden erfahren hast. Gehe einfach zu diesem Ort zurück.

Sieh was du dort gesehen hast, fühle was du fühltest und höre was du dort gehört hast. Vielleicht hast du Stille gehört und ja, die Stille hat auch einen auditiven Aspekt. Nimm alles wahr, was du in diesem friedvollen Moment erlebt hast.

Gib deinem Organismus die Chance genau diese Sensationen nochmals zu erleben im Hier & Jetzt. Gleichzeitig ankerst du dabei dieses friedvolle, wundervolle Gefühl kinästhetisch an deinem Handgelenk, was alleine schon als Körperanker sehr wertvoll ist.

Nochmal ein kurzes Wort zu Stress

Mit diesem schnellen Klopfprotokoll des FasterECT kannst du jeden emotionalen finanziellen Stress (und natürlich auch jeden anderen Stress) auflösen. Hinter jeder Stressursache steckt zu fast 100% ein Glaubenssatz, der mit unserer biografischen Entwicklung zu tun hat, aber bei näherer Betrachtung nicht wahr ist. Hinter jeder Stresserfahrung liegt zudem mit 100%-iger Sicherheit das Gefühl von Angst.

Dabei ist hier mit Wahrheit gemeint, dass was irgendwie vom Großteil der Menschheit als wahr angesehen wird, auch wenn es so etwas wie Wahrheit natürlich gar nicht gibt. Ich meine mit Wahrheit so etwas wie eine gesellschaftliche Vereinbarung, die von ziemlich vielen Menschen als wahr angesehen wird.

Wie beispielsweise momentan in der europäischen Welt von einem Großteil wahrscheinlich als wahr angesehen wird, dass der Islamische Staat (IS) gefährlich für die Weltordnung ist. Ob das stimmt weiß kein Mensch, aber es wird zu einem großen Teil als wahr angenommen. So etwas in der Art meine ich, wenn ich über Wahrheit spreche.

Im persönlichen Bereich wäre so etwas beim Thema Geld, wie beispielsweise: „Geld ist die Wurzel allen Übels." Es gibt eine Seite, die das glaubt, aber bei Lichte betrachtet und aus anderen Perspektiven heraus, ist das natürlich völliger Quatsch. Macht aber nichts, weil im persönlichen Kontext, dieser „falsche" Glaube existiert und Stress macht und Emotionen, wie Wut, Hass, Scham und Ekel auslöst. Es ist einfach ein internales Missverständnis gespeist aus Erfahrungen und Erlebnissen in der eigenen Historie, genannt Leben.

Aus Glaubenssätzen leiten alle Menschen Handlungen und Schlussfolgerungen ab, die dann in Verhalten münden. Dem kann sich wohl niemand entziehen. Wenn wir also ein Problem mit der Karriere haben, mit Geld oder Erfolg und dem was wir nicht erreichen können, obwohl wir uns das zutiefst wünschen. Wie beispielsweise eine supervolle Coachingpraxis oder Heilpraktikerpraxis oder 500.000€ auf dem Konto oder was auch immer in diese Richtung geht, garantiere ich dir, dass dem Erfolg ein Missverständnis im Weg steht.

Dieses Missverständnis sorgt dafür, dass wir nicht das tun, was Erfolg verspricht, sondern dass wir das tun, was eher den Erfolg sabotieren wird. Mit anderen Worten: Wir glauben an eine „Lüge", die uns die für den finanziellen Erfolg erforderliche Kraft raubt und Situationen in unser Leben bringt, wo unser Armutsbewusstsein getriggert wird. **Die intelligenten Zellen** machen dicht und wir kreieren Erfolglosigkeit.

Mit FasterECT behandeln wir immer den emotionalen Stress. Stress ist die Wurzel allen Übels. Egal ob es um Themen, wie Erfolg, Geld und Karriere, Probleme mit Beziehung und Partnerschaft oder Gesundheit geht. Es geht immer um Stress. Wenn der Stress ausgeschaltet wird und wir „entstressen", können die Gene heilen. Es gibt sogar Studien des HeartMath Instituts, dass beschädigte DNA repariert werden kann. So tief geht in gewisser Weise das Klopfen der Akupunkturpunkte in Verbindung mit den Sätzen und Worten.

Das schnelle Klopfprotokoll

Robert G. Smith weist in seinen Videos auf youtube immer wieder auf das mentale oder visualisierte Klopfen hin. Er baut es immer wieder in seine Klopfroutinen zu den unterschiedlichsten Themen ein.

Mentales oder vorgestelltes Klopfen ist nichts anderes wie eine mentale Vorstellung dessen, wie ich mir selbst die Akupunkturpunkte mit meinen Fingern klopfe, so als wenn es rein physisch wäre.

Manchmal ist das mentale klopfen **sogar machtvoller und stärker als das physische Klopfen**, weil die Stärke der Aufmerksamkeit um ein Vielfaches höher ist als bei der rein physischen Selbstbehandlung. Das macht das visualisierte Tappen so wertvoll.

Im Geiste (deiner visualisierten Vorstellung) bringst du deinen inneren Fokus auf jeden einzelnen Punkt und stellst dir vor, wie deine Finger die Punkte klopfend berühren. Dabei sagst du dir selbst innerlich *„Lass es gehen, Lass es gehen."*

Um diese Technik des Klopfens am besten zu erlernen beginnst du zunächst mit dem ganz normalen physischen klopfen, um dann nach dem Klopfdurchgang eine Runde mit mentalem Klopfen anzuschließen. Das funktioniert sehr gut. So gelingt es dir immer besser einen visuellen Anker zu setzen, der dir das Klopfen sehr erleichtern wird.
Nimm zum Abschluss einen tiefen Atemzug und sage **„Frieden."**

Praktiziere das solange, bis du dich sicher damit fühlst, so das Du sogar immer mental klopfen könntest und das physische klopfen gar nicht mehr benötigst.

Hier nochmal der Vorgang des mentalen Klopfens mit 2 Möglichkeiten im Überblick:

1. Wenn du bemerkst das Geld selbst oder ein finanzielles oder berufliches Thema dir innerlich Stress bereitet und der Stresspegel auf der SUD-Skala steigt, stellst du dich auf Mental Tapping ein.
2. **Die Bühnentechnik**
3. Imaginiere dazu dich selbst und stelle dir innerlich deine Person vor, wie sie alle Punkte klopft. Du kannst dich dazu auch selbst auf eine Bühne stellen und je nach Bedarf näher oder weiter weg zoomen. Sage zu dir während du siehst wie dein „Selbst" die Akupunkturpunkte zu dem Thema Geldstress klopft innerlich leise: *„Lass los, lass es gehen."* Erinnere dich daran alle Punkte durchzugehen. Diese Technik ist ein wenig so, wie die Techniken **aus dem Matrix Reimprinting von Karl Dawson.**
4. **Die assoziierte Technik**
5. Oder du schließt deine Augen nimmst dein Gesicht und deine Finger wahr und stellst dir vor, wie deine Finger alle Punkte mental beklopfen und du innerlich leise sagst: *„ Lass los, lass gehen."*
6. Beides ist sehr wirkungsvoll.
7. Nach jedem mentalen Klopfdurchgang nimmst du wahr, wo dein innerer Stress zum Geldthema liegt. Wenn du innerlich Frieden fühlst und auf 0 runter kommst ist das wunderbar. Wenn nicht, klopfe mental weiter bis du auf der SUD-Skala eine 0 erreichst.
8. Stelle sicher, dass du nach dem Erreichen der 0 die Erinnerung wechselst und eine gewünschte mentale Repräsentation klopfst, oder dass du das Geschenk oder die Lernerfahrung aus dem bisher negativ erlebten Geldthema herausfilterst. *Was solltest du lernen? Was war wichtig zu erkennen.*
9. Finde den Sinn oder hypothetisierten Gewinn in dem Problem und klopfe damit eine Runde.
10. **Beispiel:** „Worin könnte der Gewinn von ungenügendem Geldfluss bestehen? Z.B. man sollte sich mehr um sich kümmern oder dem Geld gegenüber eine dankbarere Haltung entwickeln

oder sich aus dem finanziellen Glaubenssatzsystem der Eltern oder Großeltern heraus entwickeln usw...

11. Du würdest dann so etwas klopfen mit FasterECT, wie z.B. *„die finanzielle Befreiung von den finanziellen Glaubenssätzen meiner Eltern oder kurz einfach „meine finanzielle Befreiung"*.
12. Du brauchst zum Schluss des Klopfens unbedingt so etwas wie <u>einen Sinn einer Lösung</u> für das vergangene Erleben.

Die Ausdruckstechnik im FasterECT

Der Sinn jeder Arbeit mit energetischer Psychologie, egal ob es sich dabei um FasterECT, Klopfakupressur, EDxTM, **Dynamind Technique**, **Matrix Reimprinting** oder gar **den WHEE-Prozess** handelt, ist alle Ecken der Erinnerung zu klären, die mit einem Stress auslösenden Thema verbunden sind. Dabei werden immer die damit verbundenen Gefühle behandelt, weil diese wiederum rein biologisch einen großen Einfluss auf unser limbisches System und das Stammhirn nehmen.

Die Ausdruckstechnik im FasterECT ist ein Weg, um die schnell wechselnden subtil wahrnehmbaren Erinnerungen (Bilder, Gefühle, Töne) während des eigentlichen Klopfens auf den Gesichtern der verschiedenen Charaktere in der eigenen Erinnerung zu behandeln.

FasterECT geht ja von der Vorannahme (Präsupposition) aus, dass jede Wirklichkeit und Realität nur jetzt gerade in diesem einzigartigen Moment stattfindet. Wir gehen somit davon aus, dass sich jede andere Person, welche sich während des Klopfens zeigt, wirklich nur Aspekte unseres Selbst sind, die uns anzeigen, dass Heilung nötig ist.

Das ist ein wenig so, wie der Satz von René Descartes: „ *Was Peter über Paul sagt, sagt mehr über Peter als über Paul aus.*" Oder um es systemischer auszudrücken:
„Alles Gesagte wird von einem Beobachter gesagt."

Das bedeutet, dass alles was über andere erzählt wird, immer nur Ausdruck des eigenen Selbst ist und somit auch eine Aussage über die eigene Person, deren Repräsentation und Glaubenssystem und in der Welt sein beinhaltet.

Der Andere hat damit eh keine Probleme. Oftmals hört er das ja gar nicht, weil Dritte und Vierte ins Beobachten einbezogen werden.

Man selbst benötigt eine Heilung.
So in dieser Form ist das auch bei der Expression Technik im FasterECT gemeint.

Mit **dieser Technik** adressieren wir auf den Erinnerungsausdruck einer anderen Person, welche am Problem beteiligt ist oder sogar unser früheres Selbst, behandeln aber eigentlich uns selbst und „überschreiben" (verändern) unsere Erinnerung an das finanzielle Thema. Im Prinzip geht das alles sehr einfach, weil es ja leicht möglich ist, dass wir mit unserer Aufmerksamkeit jederzeit so tun können, dass wir „in eine andere Person hineingehen."

Das klingt hier vielleicht ein wenig technisch, ist aber schlussendlich ein simpler schamanischer Vorgang, der wahrscheinlich schon in vielen früheren Kulturen üblich war.

Wer sich damit eingehender beschäftigen möchte, dem lege ich das äußerst gelungene Buch **Shapeshifting – Die Magie des Gestaltwandelns von Nerthus von Norderney** ans Herz.

1. Wähle ein (finanzielles) Problem, welches du schon vorher mit FasterECT oder von mir aus auch mit anderen Techniken behandelt hast. Bringe den Stresslevel zuerst auf 0 runter auf der SUD-Skala.
2. Nun nimm diese Erinnerung, in der jemand anderes auftaucht, der am Problem beteiligt ist und dieses sogar möglicherweise mit aufrecht erhält oder aufrecht erhalten hat.
3. Beschreibe den visuellen und körperlichen Ausdruck dieser Person laut. Wenn du mit einem Klienten arbeitest ist es wichtig dir genau beschreiben zu lassen, wie der Gesichtsausdruck der anderen Person ist.

4. Notiere dir die Gefühle und Gesichtsausdrücke der anderen Person. Nun klopfe eine Runde mit FasterECT und zwar mit der Aufmerksamkeit auf den Gesichtsausdruck der Person.
5. Klopfe solange, bis sich der Gesichtsausdruck ins Positive wendet.
6. Mache dies mit jeder weiteren Person, die in deiner Erinnerung auftaucht.
7. Das ist im Zusammenhang mit Geld wunderbar möglich, weil es viele Situationen gibt, bei denen Geld zwischen Menschen fließt und von daher schon mit Stress belastet ist.
8. Wenn das Gesicht während des Klopfens ganz verschwinden sollte handelt es sich um eine Vermeidungsstrategie deines Verstandes, um das Gefühl nicht erleben zu müssen. Wenn das geschieht klopfe weiter und sprich dabei laut aus: *„Es ist vollkommen sicher das zu sehen, was ich nicht sehen kann."*
9. Setze das Klopfen solange fort bis alle Aspekte der Erinnerung positiv sind.

Die Expression-Technik gibt dir die Möglichkeit zu testen, ob das (finanzielle) Thema/Problem wirklich „rund" ist.

Mit diesen vier hochwirksamen Klopftechniken aus dem FasterECT bist du nun in der Lage jedes finanzielle Problem und jedes finanzielle Trauma selbstständig zu behandeln oder bei deinen Klienten fachgerecht anzugehen.

Du kannst aber genauso jedes finanzielle Ziel positiv mit den Techniken des FasterECT unterstützen und deinen ganz persönlichen Positiven Ziel-Prozess behutsam fördern.

Stelle Dir dazu am Ende deiner Problemauflösung und finanziellen Ent-Stressung vor, wie dein idealer finanzieller Ort ausschaut, wie viel Geld und Materielles dort auf dich wartet und klopfe mit FasterECT dieses positive Bild. Wieder und wieder. Viel Spaß dabei.

Ich empfehle Dir zur positiven Aufladung deiner finanziellen Ziele zusätzlich das wunderbare und wirklich extrem wirkungsvolle **Geldhypnose Seminar : „GELDERFOLG",** welches dir hilft deine positiven finanzielle Ziele in Selbsthypnose mit Kraft und Macht aufzuladen.

Während deiner Klopfarbeit an Dir selbst nutzt Du das **Geldhypnose-Seminar** täglich und vertiefst damit dein inneres neues starkes Bild von Fülle und Reichtum.

Ich wünsche dir mit dem powervollen Faster Emotionally Concentrated Transformation-Training viel Erfolg, Freude und Spaß.

Ich freue mich auch sehr von Dir Feedback zu erhalten über all das, was Du an Positivem damit erreichst.

Sollten die Anregungen in diesem Buch zu weiteren Fragen zwecks der Vorgehensweise oder zu Fragen das Tapping für Geldthemen betreffen (und das werden sie sicherlich), kannst Du dich an mich gerne unter info@berlincoaching.com wenden.

In jedem Fall schlage ich Dir vor, dass Du dich auf http://life-coach-blog.de oder unter http://finanzielle-freiheit-mit-eft.de in meinen Newsletter einträgst, um immer wieder topaktuelle Informationen zu psychologischen Themen und Methoden rund ums Geld und das Moneycoaching zu erhalten.

Hier geht es direkt zu meinem wöchentlich erscheinenden Newsletter:

Klick!http://finanzielle-freiheit-mit-eft.de/gratisreport-7-universellen-geldgesetze/

Wenn Du magst, wirf auch ruhig mal einen Blick auf mein Affirmationsbuch und Afformationsbuch und lerne deine finanziellen Glaubenssätze mit der Kraft von Geld-Affirmationen und Geld-Afformationen zu verändern. Mehr dazu, findest Du unter

http://afformationen.info und

http://www.life-coach-blog.de/positive-geld-affirmationen-ebook-mit-audio/

Wenn Du Glaubenssätze hinsichtlich deiner ganz persönlichen finanziellen Entwicklungen angehen willst, lege ich Dir zusätzlich meinen Bestseller Nr. 1 im Bereich Persönlichkeitspsychologie ans Herz: „**Verändere deine Glaubenssätze mit der Kraft deiner intelligenten Zellen**". Dieses ebenfalls für den Kindle und im **Printdruck erschienene Buch** beschreibt eine höchst wirksame Technik zur schnellen Veränderung jeglicher Glaubenssätze und Standpunkte angelehnt an die famosen Methoden im Psych-K®

Dort gibt es viele weiterführende und detaillierte Informationen zu den einzelnen Punkten des Buches und zu anderen verwandten Methoden und überhaupt viele Aspekte zu Coaching und

Selbstcoaching und weit darüber hinaus. **"Verändere deine Glaubenssätze mit der Kraft deiner intelligenten Zellen"**.

Deine Reise als dein eigener Therapeut und Coach ist nie zu Ende

Hier beginnt ein neuer Reiseabschnitt mit 7-Meilen-Stiefeln

Lass mich für eine kurze Zeit dein Reisebegleiter sein!

Handgelenkpunkte

Augenbrauenpunkte

Seitlich am Auge

Unter dem Auge

Schlüsselbeinpunkte

Printed in Poland
by Amazon Fulfillment
Poland Sp. z o.o., Wrocław